学級経営サポートBOOKS

保護者・子どもの心に響かせる！

声に出して読みたい

学級通信の
MORAL STORY OF THE CLASS COMMUNICATION
「道徳のお話」

土作 彰 著
AKIRA TSUCHISAKU

明治図書

はじめに

　日本全国の学級で教師が避けて通れないシーンがあります。それは子どもたちへ語りかけるシーンです。特に子どもたちから望ましい言動を引き出すために行うお話を「説話」といいます。喧嘩が絶えない，我慢できない，悪口を言う，授業に集中しない……。特に子どもたちのマイナス面に直面した時に，教師は乾坤一擲，子どもたちの心に響く説話を行い，事態を打開する必要性に迫られます。その意味で説話は確固たる教育技術であり，リスクマネジメントの一環ともなりえます。

　話すべきタイミングを逃すと，子どもたちの良くない状況を見逃してしまうことになります。そしてそれが続くと，学級は次第に荒れていきます。

　みなさんはどれくらいの説話をご存知ですか？　そして困った状況でいくつのお話を瞬時に子どもたちにすることができますか？

　本書は既刊の『保護者・子どもの心に響かせる！声に出して読みたい学級通信の「いいお話」』の続編です。

　それ以前に関連書籍として『絶対に学級崩壊させない！ここ一番の「決めゼリフ」』『絶対に学級崩壊させない！先手必勝「決めゼリフ」』も刊行していますのであわせてご参照いただけたら幸いです。

　そもそも，当初は「担任教師が毎日子どもに贈る道徳の説話集をつくれないものか」というコンセプトをもっていました。日々至らなさ，弱さ，未熟さを露呈する子どもたちの「徳の低い」言動を変えるには，まずは子どもたちの認識を変えないといけないからです。

　さて，子どもたちのみならず人間の認識を変えるにはどうすればよいでしょうか？　その答えとなる方法の１つが「説話」です。本書を含むシリーズ４冊には子どもたちの認識を変える数々の説話が編纂されています。あらゆる教育活動や起こりうる指導局面の事前，事後に効果を発揮します。それは

これらの説話が子どもたちの認識を変え，結果，望ましい行動力を引き出すことができるからです。いわば道徳的実践力を引き出す効能があるのです。

　折しも，道徳は「特別の教科　道徳」として教科化されました。小学校では授業に評価に大わらわの様相を呈しています。ご周知の通り道徳の評価は子どもたちが実際にとった言動でなく，授業中の成長局面を記述するのです。この時点で私は「日本の道徳教育は終わった」と思いました。そもそも今回の道徳の教科化は，いじめを巡る由々しき教育現場の実態ありきだったはずです。いじめをなくすことが重要だというのなら，当然，道徳の授業が子どもたちの道徳的実践力として結実したかどうかを評価すべきと私は考えます。ところが，あろうことか，授業レベルの成長の記述のみが評価となるというのです。まさに道徳の「机上の空論」化ではないでしょうか。「いじめ」を扱った教材で良い意見を言ったからといって，その子がいじめをしない，止めることができると言えるのでしょうか？　極端な話ですが，「いじめは人格を否定する卑劣な行為だ。」と立派な意見を言ったところで，実際には，いじめを見て見ぬふりをしていても構わないわけです。少なくとも，傍観者であったことを指導されることはないのです。あまりにもぬるい教育論としか言いようがありません。少しは教職経験を積み，クラスに存在するいじめの現実と真摯に戦ってきた教師ならば，今回の教科化の実態に憤りを感じるはずです。そうでなければ教師としての感性を疑います。

　週1回の道徳の授業だけで，子どもたちが道徳的に変わることなどありえません。ましてや授業の様子を評価しているだけで，どうして子どもたちの授業外での行いが望ましく変わるのでしょうか？

　日々の全教育活動における道徳教育の場面＝学級経営の具体的な場面で説話を紹介し，きちっとできたらほめてあげる，ダメならビシッと叱る……。そんなフィードバックを繰り返しながら子どもたちは道徳的実践力を高めていけるのだと私は信じています。

本書では子どもたちへの指導局面を「子ども自身の成長」，「友達や人との関わり」，「クラス集団や社会への参加」という3つのカテゴリーに分類してあります。

　特に最近は困難な状況の学級を担任する教師が増えています。そんな時もやはり打開策は子どもたちへの説話であり，少しでも子どもたちの言動を変えていく必要があります。必要な局面で必要な説話をぜひ子どもたちにしてあげてください。子どもたちの姿が少しでも良い方向に変わってくれたならこんなに嬉しいことはありません。

　また，本書は説話であると同時に学級通信に掲載し，それを帰りの会で読み聞かせる形で子どもたち，そして保護者の方々の耳に入れることをねらっています。
　学級通信にどんなお話を掲載したらよいかと悩まれる先生にも最適です。保護者の方とともに子どもたちの道徳力に磨きをかけていただけたらと願っております。

平成31年1月

著者　土作　彰

目　次

はじめに　2

子ども自身の成長

1 子どもたちの成功体験を伝える
　　子どもたちのささやかなでも大きな成長……10

2 スマホの扱い方を伝える
　　スマホは使い方次第で重宝もし，凶器ともなりえる……12

3 度胸をつける意義を学ばせる
　　校歌を一人で歌うには「勇気」「度胸」が必要……14

4 子どもは失敗しながら成長することを共有する
　　子どもらしく子ども時代を生きよう……16

5 固定観念に気づかせる
　　人間はみな思いこみにとらわれている……18

6 「克己心」を教える
　　「路線バスの話」に学ぶ……20

7 掃除の仕方を「きちんと」教える
　　水拭きをする意味を体感する……22

8 「当たり前」こそ強いと気づかせる
　　できることは何か？……24

9 自分の壁を超える
　　力は発揮してこそ……26

10 責任について教える
　　最後の最後まで強い意志を持つ……28

11 夏休み明けの成長を伝える
　　学校生活のペースをさっと取り戻す素晴らしい姿……30

12	地道な努力の価値を教える **努力する人に学ぶ**	32
13	障害に向き合う姿から学ばせる **心の声を聞け！**	34
14	心身の逞しさを伝える **逞しさとは何だと思うか？**	36
15	「夢中」こそ「最強」と教える **心を変えよ**	38
16	子どもたちのここまでの成長を伝える **些細なことの積み重ねこそ**	40
17	我慢して生きることを教える **本能と理性**	42
18	発想の転換の大切さに気付かせる **強さの秘密にせまる**	44
19	名言から人生を教える **天才とは？**	46
20	掃除について考えさせる **掃除は「素敵なチャンス」**	48
21	物を大切に扱う心を持たせる **道具を大事にしてこそ**	50
22	人は苦難を乗り越えて成長する **苦難があってこそ**	52
23	改めて「賢さ」について考えさせる **「賢い」ということ**	54
24	反抗的な子どもをいさめる **学校をやめたいのなら…**	56
25	子どもの心の荒れをおさめる **二種類の人間**	58

26 素直さが成長のもとと教える
医師と教師の共通点は？ ………………………… 60

27 大きな声を出す大切さを伝える
なぜ声を出し，表情をつくることが大切か ……… 62

28 我慢に耐えるのは潔い
豊かな時代だからこそ心は鍛えられる …………… 64

29 読書の効能を感じさせる
読書は経験したことのない世界を味わわせてくれる …… 66

30 大きな声を出すメリットを実感させる
大きい声は脳に働きかける ………………………… 68

友達や人との関わり

31 安心して力を発揮できる環境をつくる
友達を大切にするって？ …………………………… 70

32 丁寧な物の受け渡しを教える
「物」の上にあるもの ……………………………… 72

33 人に尽くす姿勢を教える
見返りを求めない …………………………………… 74

34 支えてくれる人たちへの感謝を教える
光あるところに影がある …………………………… 76

35 悪口をいさめる
自信を手に入れろ …………………………………… 78

36 大切なものごとの存在に気づかせる
誰に支えられている？ ……………………………… 80

37 友達とは何か考えさせる
本当の友達 …………………………………………… 82

38 友達の選び方を考えさせる
コンプレックスは乗り越えるためにある ………… 84

39 言語コミュニケーションの限界を知る
相手意識を持とう ……………………………… 86

40 本当の友情について考えさせる
穴があったら叫んで知らせられるか？ ……… 88

41 自分の言動の責任を感じさせる
誰に教わったのか？ …………………………… 90

42 感謝の心を教える
誕生日とはどのような日か …………………… 92

クラス集団や社会への参加

43 利己から利他へ導く
どうすれば早くできる？ ……………………… 94

44 手抜きせず校歌を歌える学級をつくる
校歌で「勝負」！ ……………………………… 96

45 誰に支えられているか気づかせる
校外学習で感謝の気持ちを学ぶ ……………… 98

46 先人の偉業を伝える
ウズベキスタンの親日はなぜ？ …………… 100

47 家族愛を感じさせる
言葉の持つ力 ………………………………… 102

48 下ネタは公的な場では御法度と教える
心に着る衣服 ………………………………… 104

49 下級生への心構えを持たせる
1年生から学ぶこと ………………………… 106

50 命を守る人の苦労を知らせる
被災地の自衛隊員の姿 ……………………… 108

51 喜びとは何かについて考えさせる
人の役に立つことが喜び …………………… 110

52 気づいたら動くことの大切さを教える
チームの中で自分を磨く ……………………… 112

53 クラス目標達成を伝える
日本一の片づけ！ ……………………………… 114

54 規律を守ることがチーム力になると教える
ラグビー日本代表が強くなった理由 …………… 116

55 リーダーシップの大切さを教える
リーダーシップと絆は仲間を救う ……………… 118

56 教室での話し方を意識させる
授業中のコミュニケーション …………………… 120

57 平和の意味を考えさせる
学習発表会での学び ……………………………… 122

58 リーダーのつらさを感じさせる
リーダーとしての自分を自己採点 ……………… 124

59 クラスの荒れと社会的信頼を考える
信頼というもの …………………………………… 126

60 公私混同させない
公共物 ……………………………………………… 128

61 感謝の気持ちをもたせる
「自分のお金」なんてない ……………………… 130

62 運命共同体であることを教える
危険物は持たせられない ………………………… 132

子ども自身の成長

子どもたちの成功体験を伝える

😣 こんな時に……

　新学期の子どもたちの様子を保護者に伝えたい時，やはり失敗よりも成功体験を伝えたいものです。例えば，クラスイベントを仕掛けるとします。もちろん最初はうまくいかないものですが，それでも子どもたちは何らかの「望ましい言動」をしているはずです。その前向きな様子を伝えていきましょう。

♥ 子どもへの指導の意図

　最初，子どもたちはクラスイベントを単なる「お楽しみ会」程度にしか捉えていないかもしれません。そこで教師はその一見何気ない遊びの集会にしか思えない子どもたちの行動に価値付けをするのです。はじめのうちは全員が高いレベルの言動をとるわけではありませんので，些細な「1mmの前進」を取り上げてほめます。友達にちょっとでもやさしい声掛けができた，きびきび動いた……などの姿を見逃さないようにします。できれば写真も一緒に掲示するとよいでしょう。このことは1年間の子どもたちの話し合い活動の「規準」となり，1年後の自分たちの成長を振り返る時に有効な「事実」となり得ます。

◆ 保護者に伝えたいポイント

　新学期を迎えて子どもたちはどんな学校生活を送っているのだろう？　保護者の一番の関心事です。家庭訪問の前までにこのようなクラスの雰囲気を伝えておくと，保護者と初めて話す時の良いきっかけになります。もちろんダメな点も多々あるのですが，そこはスルーして，「いろいろあるけど子どもたちは楽しく過ごしています」という状況を伝えていきましょう。

子どもたちのささやかな でも大きな成長	○年△組 学級だより □月☆日発行

◆この日の6時間目はクラスイベントでラケットベースをすることになっていました。テストでなまりきった身体を動かそう！　という趣旨もありますが，実は先週の金曜日の第1回イベントの際に，中途半端なところで終わってしまっていたので，改めて仕切り直そうということでもあったのです。

◆中途半端というのは，当初予定していた時間内では全員が打席に立てなかったということです。その場で反省点を出し合ったところ次のような意見が出されました。

「準備に時間がかかり過ぎた」
「何かと怒鳴ってしまった」
「話をしっかり聞けなかった」
「集合などの時にダラダラしてしまった」
これらの反省点を受けての今日のイベントでした。

◆今回もあまり準備時間はなかったのですが，リーダーとなって企画運営してくれた子たちも，またメンバーとして協力してくれた子たちも，第1回目とは見違えるほどの姿を見せてくれました。次のような点です。

・野球が苦手な女子などを優先的に打たせる打順にしたこと
・失敗しても責める言葉が聞こえなかったこと
・ルールがわからない子には丁寧に説明する時間を割いていたこと
・ルール説明の一方で，グラウンドの整備をして待つなど，仕事をうまく分担して無駄な時間を減らせたこと
・片づけも給食の時間と同じく，気づいた子が率先して素早く終えることができたこと
・勝負にこだわらず，両チーム楽しくゲームができたこと

◆まだこのクラスがスタートして2週間なのですが，ここまで協力することができるのは素晴らしいことだと思います。次も楽しみになってきました！

2 子ども自身の成長
スマホの扱い方を伝える

😵 こんな時に……

　小学生も高学年になればかなりの割合でスマートフォン……「スマホ」を持っています。ちゃんと使い方の約束をしている家庭もありますが，まったくの野放しというところもあります。スマホの扱い方について折に触れて保護者に伝えておく必要があります。

♥ 子どもへの指導の意図

　スマホは大変便利な道具ではありますが，用い方によっては，夜遅くまでゲームにはまってしまったり，個人情報を流出させてしまったりするなどの問題が起こりかねません。子どもたちには他の道具や言葉と同じく，スマホも「人の幸せのために使うことが求められる」ことを指導すべきです。自分の趣味で使うのなら保護者と必ず相談し，責任を持って使うことをきっちり押さえておくべきです。

◆ 保護者に伝えたいポイント

　最近では，学校で警察に依頼して「スマホ教室」を開催しているところも多いと聞きます。もしそのような機会があったら是非その時の様子や自分の考えを伝えましょう。大切なことは，スマホはあくまで親が責任を持って持たせるものということです。ねだられて深く考えず，子どもにスマホを与えていながら，何かトラブルがあると学校に相談を持ち込んでくる保護者も多いです。（無茶な相談は学校側が毅然と責任の所在を明確にして対応すべきですが……。）

スマホは使い方次第で重宝もし，凶器ともなりえる

○年△組 学級だより
□月☆日発行

- ◆保護者との学級懇談会では，最近のお子さんのご様子について気になることなどを話し合いました。その中で次のことが大きなテーマになりました。スマートフォンやタブレットＰＣのことです。
- ◆6年生になれば多くの子どもが携帯電話をはじめ，スマートフォン，タブレットＰＣを手にしていることでしょう。このクラスでもざっと３分の２くらいの子どもが持っているようです。
- ◆これは毎年本校に来てお話ししてくださる警察の方々も言われていることですが，**「子どもたちに無制限に携帯電話などを手渡さないでください。」**ということです。やむを得ず子どもたちに持たせる時は，「保護者がきっちり管理できるものを貸す」というスタンスが重要です。使用時間を厳守させるなどのルールを徹底する，破った場合はちゅうちょなく取り上げる，などの毅然とした態度が必要です。子どもたちに無制限に与えれば，当然無制限に情報収集をするでしょうし，無制限・無秩序にＳＮＳやメールを使ってしまう危険性が大きいです。すでに多くのトラブルが全国的に報告されており，その中の少なくないケースが重大事件に結びついている事実があります。
- ◆学級では子どもたちに以上のことも含めて「行為の結末」についても話しています。もし何らかの事件に関与したり，巻き込まれたりした時に誰が悲しむことになるか，それを具体的な事実をもとに話しました。
- ◆ハサミは便利な道具です。けれど使い方を間違えれば誰かを傷つける凶器になります。ＳＮＳもメールもそれ自体は便利な道具です。しかし，その際には使用する人間の「良心」が求められます。モラルと言ってもいいでしょう。結果として誰かを傷つけたならその使用方法は間違っています。いかなる道具も人を幸せにするために発明されたはずです。鉛筆だって手紙だって人を幸せにするために使うのです。

子ども自身の成長

3 子ども自身の成長

度胸をつける意義を学ばせる

😖 こんな時に……

　子どもたちの校歌や発言の声が小さい時，大きく声を出すことの意義を指導しましょう。ここでは教師と子ども全員が「勝負」する形で子どもたちを高めていきます。

♥ 子どもへの指導の意図

　校歌をクラスの友達全員の前で歌える度胸はなぜ必要か？　それは，困っている人を助ける時には勇気と度胸が必要なことが多いからです。逆に「自分一人くらい声を出さなくてもいいだろう」というシラけた雰囲気を許すと，だれかがいじめられるという状況になった時にも，見て見ぬふりをするようなクラスになってしまいます。1年後にはクラス全員が一人でも堂々と校歌を歌えるようにしたいものです。

◆ 保護者に伝えたいポイント

　わが子が物怖じせずに堂々と校歌を歌ったり，発言したりすることを喜ばない保護者はいません。参観などで生き生きと表現活動をしている子どもを見ると，保護者の多くは，驚愕の表情を見せます。きっとそこまで声を出せるとは思っていないからでしょう。どんな子も表現力は伸ばすことはできます。その事実を伝えていきたいものです。

校歌を一人で歌うには「勇気」「度胸」が必要

○年△組
学級だより
□月☆日発行

◆10日は全校朝の会でした。メニューの中にある校歌斉唱の時に，私は子どもたちの横に立って1番の歌詞を聞いていました。ほとんどの子が声を出していません。私は2番を大きな声で歌いました。みんなびっくりしてこちらを見ています。大きな声を出して歌うというのはなかなかできないことのようです。

◆教室に帰って子どもたちに聞きました。「みんなの前で一人でも校歌を歌える人はいますか？」すると2人の子が挙手してくれました。一名は男子，もう一名は女子でした。「じゃあね，校歌の途中の『松の緑の香も……』まで歌ってみて。」というと，二人とも物怖じせず堂々と校歌を歌ってくれました。みんな拍手！　です。

◆今度は全員に起立してもらいました。さっき歌ってくれた二人の子には「今から先生と30人が勝負するから，どっちが大きい声か判定してね。」と審判をお願いしました。1回戦は「同点」でした。でも審判の子の一人が「怒鳴ってるだけではダメだと思います。」と指摘してくれました。そこで今度は怒鳴らず「いい声」で勝負してみました。2回戦は子どもたちの勝利でした。そして今度は私も含めて33人で歌いました。とっても上手に大きな声で歌えました。これから毎日歌っていきたいと思っています。

◆実は一人で堂々と歌えることには，いろいろと大切な意味があると考えています。歌うには「勇気」「度胸」が必要だからです。例えば電車の中で席を譲る時には「勇気」や「度胸」が必要です。いじめている子に対して「やめろ！」と言うにも「勇気」や「度胸」が必要です。「自分一人くらいやらなくてもだれかがやってくれるから，やらないでおこう」という考えでは良いクラスはつくれないでしょう。もちろん，なかなか勇気が出なくて，どうしてもすぐにはできない人もいるでしょう。それはそれでよいのです。1年間かけてみんなが堂々と安心して校歌を一人でも歌えるような，そんなムードをつくっていきましょう。

子ども自身の成長

4 子ども自身の成長

子どもは失敗しながら成長することを共有する

😖 こんな時に……

　子どもたちはいろんな失敗や悪さをします。喧嘩もいじめもそうです。ともすると教師は叱責に終始し，保護者に注意連絡，指摘を受けた保護者は子どもを厳しく家で叱る……ということになりがちでしょう。けれども，それよりも「子どもは失敗しながら成長するもの。その姿を焦らずにどっしり構えて見守っていきたいですね」と考え，保護者にもそういったメッセージを伝えましょう。そのようなちょっとしたトラブルは想定内のことのはずです。

♥ 子どもへの指導の意図

　教師は叱るところはビシッと叱らなければなりません。しかし，叱っている時に心のどこかで「自分だって悪さをして成長してきたじゃないか。逃げ道はつくってあげないと……」と思える心の余裕がほしいのです。自分も通ってきた道。だからこそ厳しくもなれるし，許すこともできる……そんな心の持ちようについて伝えたいものです。

◆ 保護者に伝えたいポイント

　わが子のマイナス面ばかりを突きつけられて「はい，そうですか」と思ってくれる保護者などいません。「うちの子が悪いのはわかっている。だからこそ教師はどう向き合ってくれたのか？」と保護者は教師に対して厳しい目を向けているものです。ですから教師は「いろいろありますが，一緒になってお子さんの成長を見守っていきましょうね」という気持ちを伝えていきましょう。

子どもらしく子ども時代を生きよう

○年△組 学級だより
□月☆日発行

◆子どもたちにはいろいろな力を身につけてほしくて，細かい点にまで指導をしていかねばならないと思っています。それが教師の使命だからです。しかし，願いが強すぎて，子どもたちに無理をさせてはいないか？ 自己満足に終わっていないか？ と常に警戒しながらやっていきたいと思っています。

◆「子ども時代に『子どもらしさ』を使い切らないと大人になりきれない。」という考えがあります（佐々木正美著『「育てにくい子」と感じたときに読む本』主婦の友社）。翻って自分の小学校4年生時代はどうであったか？振り返ってみると……。私は決してほめられた小学生ではなかったです（笑）。教師や親を困らせてきました。今，担任する子どもの中に4年生の自分がいたら……。「いやだなあ！」と正直思いますね（苦笑）。

◆ですから，子どもたちが一生懸命頑張っている一方で，失敗や悪さをしたとしても，その「子どもらしさ」を思ってどっしり受け止めてあげられる大人でありたいと願っています。子どもたちは一生懸命，子ども時代を生きているのですから。大人もそうですが，子どもたちの行動には全て目的があります。その目的は何なのか？ 起こった事象だけにとらわれて一喜一憂するのでなく，「どうしたの？」と聞いてあげられる人間でいたい，そう思っています。

◆最近は，子どもたちの頑張りや素敵なところをお知らせしています。人のために自ら気づいて本当によく動いてくれます。私などは「仕事だから」という打算で動きますが，子どもたちは本当に純粋な心で動いてくれるのです。ですから私も純粋に頑張らなくては……と奮い立つ思いでいられます。かつて私は「子どもから学ぶ」という言葉の意味を理解したつもりでいましたが，とても表面的な浅い理解でした。今はその意味がとてもよくわかるのです。子どもたちや保護者に支えられて，私は毎日授業をしています。そのありがたさを噛みしめていきたいです。

子ども自身の成長

5 子ども自身の成長
固定観念に気づかせる

😖 こんな時に……
　子どもたちはもとより，大人の我々も固定観念にとらわれて生きているものです。その固定観念が良い結果をもたらす場合もあるのですが，逆に人を不幸にしてしまうようなものもあります。たとえばいじめです。「あの子は〜な子だから」という考えがいじめを助長することが少なくありません。深刻ないじめ事象は起こっていないけれど，子どもたちの人間関係に固定観念を感じるような時に明るくその存在を教えたいものです。

♥ 子どもへの指導の意図
　日々の生活の中で子どもたちはいかに凝り固まった見方に影響されているか気づいていません。そこで，人間というものがそもそもどれほど固定観念に影響されているのか教えましょう。このお話の後に「みなさんは友達のことを決めつけて見ていませんか？」などと問うてみるのもいいでしょう。

♦ 保護者に伝えたいポイント
　子どものみならず大人もまた固定観念にとらわれがちです。いじめの問題は子どもだけでは解決できないことが多いです。保護者にもこのような見方，考え方があることを知ってもらうこともまた，大切なことではないでしょうか。

人間はみな思いこみに とらわれている	○年△組 学級だより □月☆日発行

◆子どもたちに次のような問題を出しました。

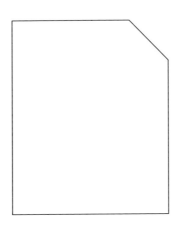

問題：上の図形に直線を１本引いて，２つの三角形に分けなさい。

◆子どもたちは１時間ほど悩んでいたようでしたので，１つヒントを出しました。

↓これは直線ですか？「はい！」と子どもたち。

─────────────────────

↓これは直線ですか？「んん？」と子どもたち。

そう！これも直線ですね！

◆これで子どもたちは正解を出してくれました。そう，太い直線を引けばいいのですね。私たちは「直線」といえば細い線だと決めつけてしまいますが，実は直線の太さは決められていないのです。このことは私たちがいかに物事を決めつけて見ているかを証明する好例です。

6 子ども自身の成長
「克己心」を教える

😰 こんな時に……

　子どもたちに自分に克つことの大切さを教えましょう。子どもだけでなく，大人でさえも自分の思い通りにならない時には何かと人や運命のせいにしてしまいがちです。しかし，人生をしっかり自分の意志で生きていくためには何と言っても自分の弱さに打ち克つことが大切です。子どもたちの多くは勉強や人間関係などの「壁」にぶつかって悩んでいるものです。是非「克己心」が人を救う事実を伝えたいものです。

♥ 子どもへの指導の意図

　負けず嫌いな子どもというのは多くの場合，他人と競って負けた時に悔しがるものです。しかしそれは思い通りにならない現状で弱音をさらけ出し，泣きわめいているに過ぎないのです。真の敵は「自分」であること，そしてその強さを持つ人だけが人を救い，ひいては自分も幸せな人生を送れることを伝えていきましょう。

◆ 保護者に伝えたいポイント

　世の中には的確な判断力を持って行動し，人を救う人がいることを伝えましょう。ともすれば「ライバルに勝つことこそ最高の勝利」だと勘違いしている大人も多いものです。自分に克つ力をつけるためにはまず苦労を乗り越えていこうとする意欲が必要です。このバスの運転手さんのような人の存在はその意欲につながることを伝えたいものです。「わが子が他の人のために尽くす」ことを知るほど，親にとって幸せなことはないはずです。

「路線バスの話」に学ぶ

○年△組 学級だより
□月☆日発行

◆子どもたちに「克己」という言葉を教えました。これは「自分に克（か）つ」という意味であること。自分に克てる力があるから他の人を思いやり幸せにできること。自分に克つには痛みを伴うことなどを話しました。

◆16日の道徳の時間に子どもたちに聞きました。「克己心があればどのようなことができますか？」子どもたちからは「人に優しくできる」「人を大切にする」「信用される」「相手のことを気遣える」などの意見が出されました。一人の子が「勇気ある行動がとれる」と答えてくれました。つまり己に克ち，勇気を持てればたくさんの人を幸せにできるのです。

◆その後テレビ番組の録画「路線を外れた路線バス」（「奇跡体験！アンビリバボー」フジテレビ系）を見ました。市バスの運転手さんが，仕事中に歩道橋から飛び降り，路上で大怪我をして倒れていた女性を救うべく，決められた路線を外れて病院に搬送したという実話です。規則では路線バスは決して路線を外れてはならないそうです。また緊急事態では必ず上司の指示を仰がなければならないそうです。この運転手さんは緊急事態の中で，怪我をした女性の命を救うべく，ルール違反を覚悟で様々な行動を取ります。
①バスを斜めに停め，倒れている女性が後続の車にひかれないようにした。
②乗客に手助けを求めた。
③救急車を呼んで10分近く経つのにまだ来ないことから，救急車が出払っているとき判断し，バスで運ぶことを決心した。
④近辺の地理を知り尽くしており，一番近い病院を選び搬送した。

◆瞬時にこれだけの情報を総合し，一人の生命を救うために行動を起こした勇気のみならず，的確な判断力があったからこそ，尊い命が助かったのです。この運転手さんは乗り遅れたお年寄りを待ってくれたり，車内で騒ぐ学生を叱りつけたり，正義感が強く優しい方だったそうです。急な事態にも的確に対応するためにはやはり日頃からの行動が大切になってくることを学べた気がします。

子ども自身の成長

7 子ども自身の成長

掃除の仕方を「きちんと」教える

😖 こんな時に……

　子どもたちの多くは漫然と掃除をしています。道具のありがたみや機能なども知らず，適当に使っているのです。そこで，誰でも持っている雑巾で掃除する意味をしっかり教えましょう。意味さえわかれば，子どもたちはその効能を理解してきちんと掃除できるようになるはずです。ほうきもちりとりもまた同様に指導できるとよいでしょう。

♥ 子どもへの指導の意図

　子どもたちに水拭きをやらせると，単に床や壁を濡れた雑巾で濡らすだけだと勘違いしていることがわかります。雑巾にしみこませた水分で埃や汚れを吸い取り，それをバケツに移して排水溝に流す。これだけの当たり前のことを子どもたちは知りません。この話の後には子どもたちの掃除が大きく変わるはずです。

♦ 保護者に伝えたいポイント

　子どもにも家では掃除の手伝いをさせたいものです。できれば自分から進んで……。このような掃除の意味を指導すると少なくない子どもたちが「お母さん知ってる？」といわんばかりに家の掃除を手伝うようになります。学校で学んだ掃除の仕方で親子のコミュニケーションがはかれたら素敵です。

水拭きをする意味を体感する

○年△組 学級だより
□月☆日発行

◆クラスでは全員が「清掃士」の免許取得を目指して頑張っています。これは清掃をするなら，それに見合った力をつけて発揮できるようになろう！という発想のもとに行っているシステムです。多くの子どもたちはここ数週間，自分がこの学校で清掃をすることの意義を考えてよく努力しています。そろそろ第1期の合格者が出そうです。

◆子どもたちの本気さが伝わってきたので，16日にはじめて清掃道具の使い方のテクニックを指導しました。「ほうきとちりとりを一人で操る方法」や「黒板をきれいに拭く方法」などです。そしてほとんどの子どもが経験したことのあるという水拭きについて指導しました。

◆バケツに水を入れ，赤絵の具をとかして赤い絵の具水をつくります。これを子どもたちの前で床にぶちまけます。床は絵の具水で汚れてしまいます。子どもたちは驚いて見守っています。「これを床にある汚れだとします。どうすれば早くきれいに取り除くことができますか？」と問い考えてもらいました。「雑巾で吸い取る。」という意見が出ましたので，ここではじめて濡れ雑巾で絵の具水を吸い取り，きれいな水の中で雑巾をすすぐ……ということを数回，繰り返しました。そうして床がきれいになると同時に，はじめきれいだったバケツの中の水が赤く汚れていることに気づきました。「この汚れた水を使い続けているとどうなりますか？」と問うと「床がまた汚れる。」という答えがすぐに返ってきました。ここである程度バケツの水が汚れたら，水を交換する必要があることを説明しました。子どもたちはこれまで何となく水を換えたり換えなかったりしていたようです。でもこれで，水拭きとは「床の汚れを水で雑巾に吸いつけてバケツの水に移し，洗い場に流すことだということ」を理解してくれたようです。

◆多くの子どもたちは，「床や黒板，窓は水で濡らせばよい」と考えていたようです。でもこれで翌日からの清掃の仕方は変わっていくことでしょう。明日からの活躍に期待です！

8 子ども自身の成長
「当たり前」こそ強いと気づかせる

😵 こんな時に……
　たとえば，困った友達を気遣うような言動をする子がいた時，教師は，そのことをフィードバックしましょう。教師が肯定的に周知させることは「その行為をどんどんやっていこう！」というメッセージを子どもたちに伝えることに他なりません。このような言動が素晴らしいことであり，そのようなことができる力はどのようにして身につけるのかといえば，それは当たり前のことを当たり前に継続していくことだと伝えましょう。

♥ 子どもへの指導の意図
　子どもたちは混沌とした日々の生活の中で何気なく人生を過ごしているものです。大人が「こんな行いが素晴らしいのだ」ということを教える必要があるのです。普通に「当たり前」のことを継続していくためにはかなりの忍耐力が求められます。そのような強さがある人だからこそ人のためにさっと動くことができるのだということをしっかり伝えましょう。

♦ 保護者に伝えたいポイント
　家庭でも「当たり前」のことをやりとげることの大切さを伝える契機にしたいです。お手伝い，勉強，挨拶，返事，食事のマナー……。実はこれらの「当たり前」ができていない子どもたちが多くなってきています。保護者自身のモラルに問題がある場合もあります。啓蒙の意味もこめて是非，保護者に伝えたい内容です。

できることは何か？

○年△組
学級だより
□月☆日発行

◆5月最後の給食時間のことです。片づけをしていた子の牛乳瓶が割れてしまいました。「あっ？」と子どもたちが騒然となる中，何人かの子がほうきやちりとりなどを持ってさっと駆けつけてくれました。破片が危ないので，私と校務員さんも入ってですが，駆けつけてくれた子どもたちは最後まで一緒に片づけをしてくれました。その間，わずか3分ほどのことでした。友達が困った時に今の自分には何ができるかをさっと判断し，行動できる子どもがたくさんいるのですね。とても嬉しい気持ちになりました。

◆かつて斎藤喜博氏という学校の教師がおられました。すばらしい実践を残された方です。その斎藤氏がある学級を参観した時のことを思い出しました（横須賀薫著『斎藤喜博　人と仕事』国土社）。次のようなお話です。「ある高学年の学級の授業中でした。ある一人の子が突然嘔吐してしまいました。すると担任の教師が動くよりも早く周りの子がさっと片づけを済ませてしまい，嘔吐した子を優しく介抱して保健室へ連れて行ってくれたのです。そしてその後，何事もなかったかのように授業の続きが始まりました。その光景を見て本当に温かい気持ちにさせられました。」

◆このような状況が起こった場合，今ではさすがに安易に子どもたちに後始末はさせませんが，今何をすべきか考えてさっと行動できた点では先の牛乳瓶の一件と同じだと思います。

◆さて，そのような気づき力や行動力はどのようにすれば磨かれるのでしょうか？　当たり前のことを継続していくことが大切だと私は思います。挨拶や発言など，やる気になればできることを日頃から頑張ることです。一つ一つの行為は決して難しいことではありません。しかし，それを毎日欠かさず続けることはかなり難しいことです。自分の弱さに勝ち続ける必要があるからです。私自身自戒して子どもたちと頑張っていきたいと思っています。

9 子ども自身の成長
自分の壁を超える

😖 こんな時に……

　授業がペースに乗ってきた時にこの話をします。まずは成功体験で子どもたちには快感を知ってもらいましょう。しかし，そこからもう一伸びするには少々苦しい困難に立ち向かい，乗り越えていかねばならないこともあるのです。ここまでで感じた心地よさをより一層体感できるようにするために，これから出会うであろう困難に笑顔で立ち向かっていける強さを身につけよう！　そんなメッセージを送りたいです。

❤ 子どもへの指導の意図

　人間は「苦痛」を避けて「快楽」に走ります。これは一つの「法則」でもあります。しかし，何を「苦痛」とし，何を「快楽」とするかはその人によって違います。将来を生きていくには時には大きな困難にぶつかるものです。そんな時に「困難を乗り越えてこそ得られるものがある。だから頑張ろう！」と思えると，人生は明るくなるはずです。なにくそ！　と歯を食いしばって耐えていける。そんな力もまた子どもたちには必要であることを伝えたいです。

◆ 保護者に伝えたいポイント

　わが子には自分が味わった苦労をさせたくない……。そう思う保護者は多いはずです。しかしこの世の中，到底，苦労なしでは生きていくことはできません。そんな時に何から何まで手助けをするのは子どもたちの将来のためにはならないはずです。「苦労は買ってでもさせろ」そう思って子どもたちの苦労する様を見守ってくれる保護者はとてもありがたいものです。是非伝えたい話ですね。

力は発揮してこそ

○年△組
学級だより
□月☆日発行

◆今日は暗唱，群読の映像を撮影し，4月の時の映像と比べてみました。2つの映像を見終わって子どもたちに「何か気づいたことはありませんか？」と聞くと，「動きが素早くなった。」「声が大きくなった。」「姿勢が良くなった。」「視線が良くなった。」など，自分たちの成長を掴んだ意見が出てきました。2か月間の成果ですね。また折に触れて自分たちの成長を実感していきたいと思っています。

◆さて，この「授業」から学ぶこと・わかることは何でしょうか？　まずは「子どもたちには大きな力がある」ということです。どこまでいけるかはわかりませんが，子どもたちが頑張る限り，限界は設定できないと思います。そして，もう一つ，「力は発揮してこそ伸びる」ということです。いくら素晴らしい力を持っていたとしても，その力を常に全力モードにし，発揮し続ける（＝練習する）ことをしないと力は開花しないということです。その練習には確実にしんどさやつらさや恥ずかしさといった一見ネガティブな実感（＝困難さ）が伴います。しかし，そのような困難を乗り越えて何かを成就した経験は，人生においてかけがえのない財産となります。きっと将来，もっと大変な困難に出会うからです。その時に，かつて友達と困難を乗り越えた経験が大きな支えとなってくれるはずです。「若い時の苦労は買ってでもしろ」というのはけだし名言な訳ですね。

◆とはいえ，人は急には成長できません。数々の失敗を経て数㎜ずつ前進していくのです。ですから，多少成功したからといっていい気になって傲慢になることなく，また，多少失敗したからといって絶望してしまうのでもなく，精一杯目の前の1㎜を前へ前へと歩いていきましょう。全力を出すことを厭わない限り，必ず前へと進んでいけるはずです。辛くなったら周りを見ましょう。共に苦しみながら進む仲間がいます。支え合える友達がいます。そうやって一緒に困難を乗り越えた友達は一生忘れることはできないでしょう。明日もみんな一緒に力を大いに発揮していきましょう！

子ども自身の成長

10 子ども自身の成長
責任について教える

😰 こんな時に……

　自分の身の回りの整頓もしない，使ったものを元に戻さないなどの無責任な言動が目立ってきたら，このお話をします。社会では責任を果たす代償としてお給料をいただく……という考えもありますが，中でも人の命に直接かかわる仕事に就いている人たちの責任感には涙を禁じ得ません。命を張って責任を果たすというのはこういうことだという事実を子どもたちに突きつけてみるのも大切なことだと思います。

❤ 子どもへの指導の意図

　当番や係の仕事など，自分に与えられた仕事すらまともにやりきらない無責任な子どもたちが多いものです。しかし，仕事に責任を持つとはこういうことだ！　という事例をたくさん子どもたちには紹介したいものです。このお話に出てくる自衛官の方々が最後にとった行動の意味はおそらく大人でもなかなか思いつかないことでしょう。我が身がどうなろうとも最後の最後まで仲間のことを思いやる……そんな人が確かに存在したことを伝えていきたいです。

◆ 保護者に伝えたいポイント

　子どもたちは将来社会に出ていきます。きっと厳しく辛い状況が待っていることでしょう。しかし，これらを乗り越えて成長し力をつけていくことで，どんどん大きな仕事を任されるようになるでしょう。いつも何かと戦っているのは社会人なら当然のことです。「責任を果たし給料をもらうというのはそういうことだ」という職業観を保護者とも共有できるとよいでしょう。

最後の最後まで強い意志を持つ

○年△組 学級だより
□月☆日発行

◆子どもたちに「生命を守る職業といって思いつくのは？」と問うてみました。真っ先に自衛官，そして警察官，消防士，医者，電気関係の仕事，そして親という意見も出されました。いろいろ捉え方があっておもしろいなあ，と思いました。さてその後に海上自衛隊の航空隊の訓練学校の映像を見ました。理由はある自衛官の方々のお話をしたかったからです。

◆10年以上前，関東地方で自衛隊の飛行機が故障し，河原に落ちました。乗っていた２名の自衛官の方が亡くなりましたが，墜落時に送電線を切ったため広い地域が停電となり，厳しいバッシングが起こりました。しかし，後日この事故についてある事実が明らかになりました。

◆乗っていた自衛官の方はともにベテランで，飛行機が故障した際に早めに脱出すれば助かることはできたそうです。しかし，飛行機が民家に突っ込めばたくさんの人が死ぬ。そう考えて被害の少ないことが予想される河原まで，故障した飛行機を操縦したのだそうです。つまり最後の最後まで被害を最小限にとどめるために自分たちの生命を犠牲にしたのです。実は脱出するには高度600メートルという高さが必要だそうです。しかし，この二人はもう助かる可能性のない高度100メートルあたりで飛行機から脱したものの，当然のことながら高度が足らずにお亡くなりになったのだそうです。私はなぜ最後の最後に助かる可能性の低い脱出を試みたのか考えてみました。きっとわずかな助かる可能性にかけてみたのではないか？　そう，考えたのです。しかし，仲間の自衛官は次のように言いました。「もし無駄だとわかっていても脱出しなかったら，脱出装置が故障していたのではないかと整備に携わった人たちに疑いがかかることになる。仲間に辛い思いをさせないためにそうしたのだと思います。」自分の命がもう終わろうとする瞬間にも最後の最後まで仲間のことを思って行動されたのです。何という強い意志。何という責任感。私はそこに責任を最後まで果たそうとする想像を絶する人間の強さと優しさを見た思いです。

子ども自身の成長

11 子ども自身の成長

夏休み明けの成長を伝える

😵 こんな時に……

2学期が始まったころの子どもたちの様子を伝えます。ともすれば夏休みボケでダラダラした姿をさらしてしまいがちな多くの子どもたちの中にも，いち早く学校生活のペースを取り戻し，健気に一生懸命頑張る子どもたちの姿があるはずです。切り替えが遅い多くの子どもたちに注目するよりは，一部ではあるものの先進的に意欲的に頑張る子どもたちにスポットを当ててその存在を伝えていきたいものです。

♥ 子どもへの指導の意図

ダラダラした混沌の中からいち早くペースを取り戻し，活躍する仲間の存在を賞賛することは他の子どもたちにとってこの上ない刺激やモチベーションになり得ます。いわばクラスの先進的グループの存在です。牽引役と言ってもいいでしょう。通信に彼らの姿を掲載することは「早くこのレベルまでおいで！」という理想イメージを見える化することになります。

◆ 保護者に伝えたいポイント

「子どもたちは学校でも頑張ってペースアップしているので，ご家庭でも呼応してハッパをかけてほしい」ことを伝えられるとよいでしょう。「ほらっ，先生もみんなも頑張っているよ。あなたも早くペースを取り戻しなさい！」と励ましてもらえると嬉しいですね。親も家でダラダラするわが子の姿を快くは思っていないはずです。この時期ならではのお話です。

| 学校生活のペースをさっと取り戻す素晴らしい姿 | ○年△組 学級だより　□月☆日発行 |

- ◆9月1日の始業式の朝，私は教室で子どもたちを待っていました。ご存知の通り夏休み中は空調工事があり，天井から落ちる埃を避けるために机と椅子は廊下側に寄せていました。さて，子どもたちが登校したどのタイミングで机を戻そうかと考えていた所に3人が登校してきました。「おはようございます！」と挨拶するとその3人は自分だけでなく，他の友達の机も運び始めてくれました。そして私が手伝うまでもなく，あっという間に机を並べ終えてくれたのです。

- ◆5日には給食が始まりました。正直「準備の質もスピードも衰えているだろうな」と心配していたのですが，それは杞憂に終わりました。相変わらず総員による準備が開始され，わずか数分で準備を終えてくれました。1学期よりもスピードも質も上がってきたようです。40日のブランクを感じさせない子どもたちの様子は嬉しい「誤算」になりました。

- ◆片づけもまたきれいに素早い。よく観察していると，やはり早く食べ終わった子どもが自分のこと以外の仕事を見つけてどんどんやりとげてくれているのです。給食終了のチャイムが鳴った時にはすっかり片づけは終わっていました。ブランクどころか，大きな成長を感じた瞬間でした。

- ◆授業中，教科書を忘れたペアがいたら，さっと自分のを差し出してくれる子，返却物を自分でタイミングを考えて配ってくれる子，次の時間の準備をしてから休憩に入る子，発言できる場面では手抜きをせず必ず挙手して発言の意思を表示する子，誰にも言われていないのに教室の掲示物を貼ってくれる子……。1学期に一緒に考えてきた「良いクラス像」を忘れず，新学期から素敵な行動力を見せてくれる子がたくさんいます。新学期！確実に5年生に近づいていく姿を見せてくれています！

子ども自身の成長

12 子ども自身の成長
地道な努力の価値を教える

😵 こんな時に……
　子どもたちに努力を継続することの大切さを伝えたい時にこのお話をします。ともすれば目の前の楽なことに流されてしまう我々人間ですが、大切な人生をいかに自主的に大切に生きていくかを武井壮さんは説いています。人生における価値観を大きく変えるきっかけとなるお話です。テレビで一度放送された番組映像がインターネット上で見られるサービスがありますので、著作権に気をつけながら活用するとよいでしょう。

♥ 子どもへの指導の意図
　多くの子どもたちは「勉強はいやだ」「面倒くさい」などと思っています。しかし、結局それは現実逃避にしか過ぎません。番組中の「大学というのは学問という『宝石』を好きなだけ持って帰っていい場所なのにみんなは『宝石』を手に入れようとはしない。」という武井壮氏の言葉などは大人でも学ぶところがあります。勉強も実は将来自分を輝かせてくれる「宝石」なんだということを伝えたいものです。

◆ 保護者に伝えたいポイント
　勉強をいやがる子どもを持つ親にとってこの武井さんのお話は響くはずです。「学校はあなたたちを賢くするためのプロである先生方が工夫された方法であれこれ頑張らせてくれる場所なのですよ。」と言ってもらえたら嬉しいですね。

努力する人に学ぶ

○年△組
学級だより
□月☆日発行

◆13日の道徳の時間にタレントの武井壮さんが出演する「武井壮しらべ誰もやらなきゃオレがやる!!」(TOKYO MX)という番組の録画を見ました。武井さんと言えば陸上の十種競技元日本チャンピオンで，今もストイックにトレーニングをしながらタレント活動を続けておられます。その武井さんが大学の陸上部の後輩たちの相談に乗るという内容でした。

◆一人の学生が武井さんに聞きます。「陸上をやめようと思ったことはありませんか？」私はきっと「もちろん，やめたいと思ったことはある。でも困難を乗り越えてきた。」という内容を予想していました。しかし武井さんは「一度もやめようと思ったことはない。」と言われました。そして次のように言われました。「だって，アスリートとしていつも自己ベストを出したくて練習するのに，毎回自己ベストを出せないというのがいやだった。だから自分は毎回自己ベストを出せるようにあらゆるケアをして練習に臨んだ。だから一度もやめようと思ったことはなかったね。」「毎回体温を測った。着ている服の材質や種類も記録し，どんな時に自分は調子がいいのかを徹底して調べ上げた。そういうことを高校から6年間続けた。」

◆武井さんはアスリート時代，非常に自分に厳しく過ごしておられたのです。そういう積み重ねで今の地位を築かれたのでしょう。一見華やかなところだけに目がいきがちな芸能界ですが，陰で人には見せない努力を続けているのでしょう。そのことを私たちは知っておいて損はないと思います。

◆武井さんは次のようにも言われました。「何もしなければ0（ゼロ）のまま。でも明日1日頑張れば1になるから。今トップの人が1000ならば，3年間続ければ追いつくから。一日8時間働いても残りは16時間ある。その時間を使うのは全く自由だから。絶対にだれもが力を伸ばしていけるはずです。」

◆大切なのは今日より1mm前進する努力を一日も休まず続けていくことです。勉強でもお手伝いでも続けていけるものを探して実行しましょう。

子ども自身の成長

13 子ども自身の成長

障害に向き合う姿から学ばせる

😖 こんな時に……

　これもテレビのドキュメンタリー映像を使った授業です。番組（「報道の魂」）は大学ラグビーの強豪大学で活躍する難聴のラガーマンを取り上げています。人権教育の一環として障害について学ぶことがあると思います。ともすれば障害をネガティブにだけ捉えて「健常者には何ができますか？」と問いかけて終わる授業もあります。しかしこのお話では難聴の大塚さんの頑張る姿に周囲の仲間が力をもらい，チームとして強くなっていく様が映し出されています。子どもたちと障害について考えたい時，是非見せたい映像です。

♥ 子どもへの指導の意図

　子どもたちは「障害は辛いもの」「障害者には何かしてあげないといけない」という思いを持っています。それはそれで間違いではないでしょう。しかし，実は障害を持つ人たちから健常者はたくさんのことを学び，時には大きな力をもらっているのです。この映像に出てくる大塚さんの生き様は多くの人の心を打ちます。子どもたちといっしょに「障害に向き合って生きる人たちから学ぶことは何か？」について考えていきたいです。

◆ 保護者に伝えたいポイント

　家庭でも障害について是非お話をしてもらいたいものです。これは障害者に対する配慮についてでもよいのですが，やはり障害を持つ人たちの生き様から何を学ぶかについて親子で考えてほしいものです。人権に関わる授業参観で扱ったあとの懇談などで教師の見解を交えて情報交換できるとよいかもしれません。

	○年△組 学級だより
# 心の声を聞け！	□月☆日発行

◆15日のオープンスクール・授業参観へは多数のご参加を頂きありがとうございました。16日の音楽会でもきっと自分たちのベストの合唱，演奏を見せてくれると信じています。

◆4時間目の道徳では，聴覚に障害を持ちながらも日本最強の大学チームでラグビーを続ける大塚貴之さんのテレビ番組の録画「報道の魂」（TBS系）を見ながら授業を進めました。この映像を見る前に子どもたちに「しょうがい（障害）」といって思い浮かぶことを聞いてみました。すると「かわいそう」「不自由」「差別を受けている」「周りの人となじめるように努力している」というネガティブなイメージが出されました。これらは偽らざる子どもたちの素直な思いなのでしょう。

◆この後，大塚選手の映像を見ました。しかしそこには子どもたちのイメージとはおおよそかけ離れた事実がありました。聴覚に障害を持ちながらも負けん気でラグビーを続け，高校時代はキャプテンとなり，チームを県準優勝に導きました。その後，現在も連覇を続ける帝京大学ラグビー部に所属し，日本トップレベルのラグビーを続けます。何度もコミュニケーションの壁にぶつかりやめようと思ったそうです。しかし，仲間に支えられ，努力し，4年生になって遂に1軍の試合に出場し，初トライを決めます。

◆大塚さんの周りの仲間は次のように言います。「大塚さんが一生懸命取り組む姿にこちらの方が刺激と勇気をもらった。」「一生懸命掃除をして下級生のお手本となるべく頑張っている大塚さんのような先輩になりたいです。」つまり，周囲の仲間も，大塚さんのためにできることをしているうちに逆に大きな力をもらったというのです。この授業の後，「大塚さんはかわいそうですか？」と聞くと誰も手を挙げません。「一生懸命生きていく姿に感動した。」「仲間が素晴らしい。」などの感想を出してくれました。この授業で子どもたちの「しょうがい」に対する認識が変わったようです。

子ども自身の成長

14 子ども自身の成長

心身の逞しさを伝える

😵 こんな時に……

　子どもたちが大きな課題や困難を乗り越えるシーンを見つけた時には是非通信で取り上げたいものです。音楽会や運動会では一つの目標に向けて全員がなんらかの努力をしながら頑張っていきます。そのプロセスや当日の頑張りは必ず伝えていきます。また日々の些細な出来事にも注目しておき，そこにあるささやかだけど凛とした逞しさについても取り上げることができるとよいでしょう。

♥ 子どもへの指導の意図

　長きにわたっての練習成果をしっかり評価することは次の課題へ向かう際の大切なモチベーションとなります。必須のフィードバックですね。またその一方で健気に生きる子どもたちの逞しさについても紹介したいものです。ちょっとした怪我でも大袈裟に捉えてしまう子どもは多いものです。ひょっとしたら学校が，クレーム怖さに過保護になりすぎているのかもしれませんね。怪我があった時に適切な対応をすることはもちろん大切ですが，同時に極力自分で可能な限り処置できる強さ＝逞しさも子どもたちには身につけてほしいものです。

♦ 保護者に伝えたいポイント

　子どもたちの身に何か起こった時，大人に援助を要請することはもちろん大切ですが，できる限り子どもたち自身にも適切な処置をとらせることは大切なことです。軽傷くらいなら，まずは自分で傷口を水洗いし，付き添いもなく自分で保健室に行って処置してもらい，その後は何事もなかったかのように授業に参加している。そんな逞しさを身につけてほしいことを保護者に伝えることも大切だと思います。

逞しさとは何だと思うか？

○年△組 学級だより
□月☆日発行

◆16日は音楽会でした。大きな会場で子どもたちは日頃の成果を存分に発揮してくれました。音響施設の整った会場で子どもたちの歌声や演奏は普段の数倍にも感じられる迫力でした。講評の先生も子どもたちの大きな声をほめて下さいました。95名一丸となっての発表会，とても素敵でした。

◆このような大きな会場で友達と発表する機会など人生の中でそう何度もあるものではありません。子どもたちは力を合わせることや，緊張に打ち克つことの素晴らしさ，大変さを実感してくれたことでしょう。このような行事を通して人間として成長していくのが学校という場なのだと思います。

◆子どもたちも「逞しくなったなぁ」と感じることがあります。例えば体育のハードル走の練習中のこと。私がタイムを計測していたゴールから10メートルほどのところで，ある子がハードルに脚をぶつけて転倒してしまいました。あっと思って計測を中断しようとしたところ，その子は痛がることもなく，再び起きあがりゴールまで駆け抜けたのです。健気な，そして涙ひとつ人に見せようとせずにタイムを聞きにきたその子（たち。というのもそんな子が2人いたからです。）の目は凛として実に逞しいものでした。「大丈夫ですか？」と聞くと「はい。水で泥を流してきます。」と言ってその子は水道の方へ歩いて行こうとしました。その時です。数人の友達が走って寄ってきて「大丈夫？」と気遣い，一緒に水道の所へ行ってくれたのです。自分の感じた痛さに耐えて，自分で何とか状況を乗り越えようとする姿も素晴らしいのですが，友達をさっと気遣えることもまた凄いことと見ていました。実はそういった「人を気遣える人」というのは，自分もその痛さを知っており，「自分が痛かったのだから，友達も痛いだろう。いたわってあげなければ」という心と行動力を持っているのだと思います。そんな子はこれから誰の手も借りずに良い人間関係を築いていけることでしょう。それもまた「逞しさ」なのだと私は思うのです。

子ども自身の成長

15 子ども自身の成長

「夢中」こそ「最強」と教える

😖 こんな時に……

　今の子どもたちは自己肯定感が低いと言われています。私はそんなことはなくて，子どもたち自身が何かそのようなものに出会えないままでいるか，あるいは出会っているのだけれど自分のよさ，素晴らしさに気づいていないかのどちらかではないかと思います。ですから，「得意技発表会」などを企画して子どもたちには自分の「武器」に大いに自信を持ってほしいと考えています。そんな時に使えるお話です。

❤ 子どもへの指導の意図

　子どもたちに何か夢中になれるものを持ってほしいものです。時間を忘れて何かに没頭するには，そのことに夢中になっているからです。勉強に「目覚める」子はなかなかいないかもしれませんが，何かちょっとしたことがきっかけとなって勉強好きになるかもしれません。教師はそんなちょっとした「きっかけ」をたくさん用意して子どもたちに自信をつけさせてあげたいものです。

◆ 保護者に伝えたいポイント

　何かとわが子を叱りつけるばかりの保護者もいるようですが，それでも基本的にはどんな親もわが子の成長を願い，喜んでくれるものです。折に触れて子どもたちの活躍を知らせていきましょう。そしてできれば何か夢中になれるものを一緒に探してほしいものです。

心を変えよ

○年△組 学級だより
□月☆日発行

◆有名な格言があります。

　　　　心が変われば行動が変わる
　　　　行動が変われば習慣が変わる
　　　　習慣が変われば人格が変わる
　　　　人格が変われば運命が変わる

◆人間は結局のところ，「心（＝思考）によって行動を決めている」のです。これは全ての人間に当てはまることです。もちろん子どもたちも，私も，です。しかし多くの場合，この心（＝思考）を変えるというのはそう簡単なことではありません。

◆例えば「勉強」というものに対する考え方は千差万別です。「苦手」という人もいれば「得意」という人もいるでしょう。「やらなくてはいけないからやっている」という人もいれば「楽しくて仕方ないからやるのだ」という人もいることでしょう。結局のところ「勉強」そのものがどういうものなのかはその人本人が決めることであって，「勉強」は「勉強」以外の何物でもなく，それ以上でもなければそれ以下でもないのです。

◆人は２つの規準だけで行動を決定しています。即ち，「快楽」を求め，「苦痛」から逃げるというものです。ただ，何を「快楽」，「苦痛」と考えるかはその人によって異なります。「長距離走」を「気持ちいいから毎日走る」という人もいれば「ツライから絶対いや！」という人もいるのです。「長距離走」そのものが良いものなのか，悪いものなのかはわからないのです。要はその人本人の考え方次第なのです。

◆「義務」→「努力」→「好き」→「　　」。右に行くほど「強い」のだそうです。これを聞いた時，なるほど，そうだよなあ！　と思いました。さて，「　　」には何が入ると思いますか？　それが最強なのです！
「夢中」こそ「最強」。

子ども自身の成長

16 子ども自身の成長
子どもたちのここまでの成長を伝える

😖 こんな時に……

　授業参観などで子どもたちの成長した姿を見てもらった後に，こんなお話をします。子どもたちは４月からの積み重ねで大きくいろんな力を伸ばしてくれているはずです。子どもたちにとっては日常のことなので「これが普通」だと思っているものですが，参観者はそうは思いません。多くの人たちが「凄い！」と言ってくれます。それらは一日一日の些細なことの蓄積であることを改めて伝えることがこれからの子どもたちの学習意欲につながるのです。

♥ 子どもへの指導の意図

　秋口になるとできる暗唱の数も増え，質も向上してきているはずです。しかし，毎日繰り返しているとなかなか自分たちの成長は自覚できないものです。そこで，映像に撮って見せたり，参観者に感想を聞いたりしてフィードバックを継続していくことが子どもたちの成長のために必要になってきます。この話を聞いて，次の日からまたハイレベルな課題に向かっていってほしいものですね。

◆ 保護者に伝えたいポイント

　参観の後には少なくない保護者が「驚きと感謝」の気持ちを伝えてくれます。そのコメントを掲載するのもいいですね。その子どもたちのパフォーマンスは他でもない，子どもたちの日々の努力の蓄積であることを伝えましょう。些細なことでも半年，１年経てばこんなに大きな力になることを保護者にも知ってもらいたいですね。

些細なことの積み重ねこそ

○年△組 学級だより
□月☆日発行

◆先日は授業参観で子どもたちの暗唱や群読を聞いていただきました。最後はあたたかい拍手をありがとうございました。子どもたちにとって大きな自信となったことと思います。

◆暗唱はもう20篇ほどできるようになりました。群読もかなり感情をこめて表現することができるようになりました。しかし，子どもたちがはじめからこれらのことができたわけではありません。4月からほぼ毎日，繰り返し練習してきた成果です。些細なことなのですが毎日積み重ねてきたからこそです。子どもたちにはそういう成功体験をたくさんしてほしいと思っています。

◆また，はじめからうまくいかなかったということは言い換えればたくさんの失敗を重ねてきたということでもあります。次のような格言があります。

> **努力して結果が出ると，自信になる。**
> **努力せず結果が出ると，傲りになる。**
> **努力せず結果も出ないと，後悔が残る。**
> **努力して結果が出ないとしても，経験が残る。**

◆努力しても必ず報われるわけではありません。しかし，努力をした時点でもうその人は大きな財産＝経験を手に入れたわけです。かの有名な発明家は次のように言っています。

> **失敗？　これはうまくいかないということを確認した成功だよ。**
>
> トーマス・エジソン（発明家）

◆このクラスには努力して大きな力を身につけた子がたくさんいます。暗唱教材を次々覚えた子，円周率を100桁覚えた子，8桁÷3桁の難問割り算ができる子，友達の給食を準備してくれる子，毎日20個以上の意味調べをしてくる子，きれいに掃除ができる子，黒板をぴかぴかにできる子，みんな4月からの努力を続けてきたのです。結果が出ても出なくてもいい。あと4か月でたくさんの「財産」を手に入れてほしいと願っています。

子ども自身の成長

17 子ども自身の成長

我慢して生きることを教える

😖 こんな時に……

　4年生から高学年へなる時期は自分中心から他人への思いやりを考えて行動できるようになる過渡期でもあります。個人差がありますから，一概には言えないのですが，やはり一日も早く人の幸せのことを考えて行動できるようにしていきたいものです。ここでは「本能」と「理性」という2つの言葉を紹介します。できれば何かイベントなどで成功した事例も一緒に紹介するといいでしょう。子どもたちにとって励みとなります。

♥ 子どもへの指導の意図

　自分たちの言動には大きく分けて2種類あることを教えます。このことでイベントのみならず，他の生活場面でも「本能」を抑え「理性」を大切にした行動をとるべきなのか教えていけるとよいでしょう。イベントが成功すれば，それは多くの子が「理性」で我慢してくれている証拠です。大いにほめ，確実にフィードバックしていきたいものです。

◆ 保護者に伝えたいポイント

　保護者にとっては，子どもたちの人間関係が一番の関心事であることは間違いないでしょう。学級通信では，子どもたちが明るく頑張っている姿を伝えるのが一番喜んでもらえます。時にはマイナス面を伝えることも大切ですが，できれば成功体験をどんどん掲載していけるとよいでしょう。その頻度は学級経営成功へのバロメーターともいえるでしょう。

本能と理性

○年△組
学級だより
□月☆日発行

◆考えてみれば学校とは，発達年齢に応じて理性を身につけにくる場所だといえるでしょう。子どもたちには次のように対比させて黒板に書いてみました。

本能 → 自分だけが〜したい。
理性 → 他の人のことも考えて我慢しよう。

本能は生きていく上でとても大切です。でも，100％発揮していると必ずトラブルが生じます。そこで理性という心の衣服でコントロールしていく。それが子どもと大人の大きな相違点であるともいえるでしょう。

◆4月の頃，イベントでラケットベース（ゲーム）などをしていると，お互い勝負にこだわった言動でトラブルばかり続いていました。その度に反省を重ねて少しずつ雰囲気をよくするために何が大切か，子どもたちは理解していったのだと思います。

◆12月1日の体育はラケットベースでした。雰囲気が悪くなると子どもたちから「勝負にこだわるなよ！」「笑顔！笑顔！」「点数なんか関係ないよ！」などの声が飛び交います。そして「嫌な雰囲気で終わらんとこうな！」という言葉が聞こえた時，この子たちは成長したなと感じました。

◆みんながみんなラケットベースをしたいとは思っていなかったはずです。でも嫌な顔をせずにゲームに付き合ってくれる子がたくさんいたこともまた成長の証かと思いました。そうですね。本能に心の衣服を着せるには「我慢すること」が必要であり，大切なのですね。この世の中は本能そのままに生きてしまって思い通りになることなどほとんどないけれど，理性を持って生きていく力を身につければ，仲間と一緒にきっと幸せに生きていけるのだということを，この9か月の中で子どもたちは確実に学びとってくれているのだと思います。

子ども自身の成長

18 子ども自身の成長

発想の転換の大切さに気付かせる

😵 こんな時に……

　凝り固まった常識を時には疑ってみるのも大切なことです。例えば「上学年は下学年より偉い」とか「スポーツは勝利が全て」などの「常識（？）」を持っていませんか？　特に日本には先輩，後輩に関するしきたりや勝利至上主義がまだ根強く蔓延しています。最近，少しずつスポーツ強豪チームではそのような発想から脱却しているところが少なくありませんが，スポーツのみならず組織やひいては人間が成長するにはまず「人として」成長することが求められているといえるでしょう。このことを伝えたいものです。

❤ 子どもへの指導の意図

　スポーツチームに所属している子どもの中には「上手ければいい，勝てばいい」とか「レギュラーは偉い」などのようにいい気になっている「天狗」がたくさんいます。このような狭小な思考は指導者による影響も大きいのですが，学校の教員としてこの悪影響には徹底的に抗戦したいものです。

◆ 保護者に伝えたいポイント

　スポーツチームにわが子を所属させている親もたくさんいます。是非この話を紹介してスポーツチームの在り方について子どもと話をしてほしいものです。親の中には子どもの道具を手入れしたり運んだりする方もいるそうですが，そのようなことが子どもをダメにしているということもわかってほしいですね。

強さの秘密にせまる

○年△組
学級だより
□月☆日発行

◆今日は帝京大学ラグビー部のテレビ録画映像（「ミライ☆モンスター」フジテレビ系）を見てもらいました。映像ではその強さの秘密について取り上げたものでした。一つ目は徹底した栄養管理について，です。これはアスリート養成のためには不可欠なことなので予想できたのですが，残り二つは意外なものでした。

◆意外だった一つ目は徹底的に自分たちのプレーについて話し合うことです。漫然と行っていることを意識して振り返るわけです。これにより，自分たちの状態を客観的に捉えることになり，より緻密なプレーが可能になるのです。

◆あと一つ。これは運動系の部活動では実に珍しいのですが，掃除などの雑用は上級生が行い，1年生には負担をかけずに練習に参加してもらうというものです。上級生は単にラグビーがうまいだけでなく，人間としてより高いレベルにいなければならないという考えが徹底されているのです。

◆勉強なり，スポーツなり何かを一生懸命頑張る時，目標とするのは勉強，スポーツそのものではないということです。その向こう側にある，人間としての成長を目指さなければ，上のレベルには到達できないということなのではないでしょうか。現在では様々なアスリートがスポーツ以前に人間として大切なことを身につけるよう心がけているそうです。昨年ラグビー南アフリカ代表を破った日本代表チームは，各社報道等によると，試合後ロッカールームをきれいに掃除して帰ったそうです。イチロー選手が道具を大切に扱うこともあまりに有名です。心をそろえることで，様々な力を大きく伸ばすことができる……これは何もアスリートに限ったことではないでしょう。私たちも多くのことを学べるはずです。靴そろえ，食器洗い，風呂洗いなど何でもよいので，ちょっとしたことを1年間続けてみましょう。きっと何か大きな力になることでしょう。私も頑張ります！

19 子ども自身の成長
名言から人生を教える

😵 こんな時に……

　子どもたちに努力を続けることの大切さを伝えたい時があります。日々の授業が面倒くさいとか，学校が面白くないなどという声が聞こえた時に，教師なら「そんなマイナス感情に負けずに頑張っていくことが尊い」と教えたいはずです。そんな時は子どもたちの憧れであるスターの名言を紹介しましょう。子どもたちは目を輝かせて聞いてくれるはずです。

♥ 子どもへの指導の意図

　子どもだけでなく大人だってつらいことから逃れて楽をしたいものです。子どもなら，なおさら怠け心を露わにすることもあるでしょう。しかし，そんな時にこそスターの名言を紹介しましょう。スターは何の苦労もなく一流になったと思われがちですが，実は愚直に努力を積み重ねてきたことを知って子どもたちは驚くはずです。そうしてまずは確かな一歩を踏み出すきっかけを得たなら，それは子どもにとって大きな学びを得たということでもあります。

◆ 保護者に伝えたいポイント

　大きな成功者でなくてもよい，日々当たり前に起きて当たり前に仕事をして当たり前に飯を食って当たり前に眠る……そんな愚直な生き方こそ実は一番強いということをスターは教えてくれています。裏返せば「当たり前」のことをできない者に成功はないということです。ですから毎日の授業を大切にしましょう。保護者がそんなことを子どもに声掛けしてくれたら嬉しいですよね。

天才とは？

○年△組
学級だより
□月☆日発行

◆努力せずに，何かできるようになる人のことを「天才」というのなら，僕はそうじゃない。努力した結果，何かができるようになる人のことを「天才」というのなら，僕はそうだと思う。人が僕のことを，努力もせずに打てるんだと思うなら，それは間違いです。

これらは大リーガー・イチロー選手の言葉です。私たちはイチロー選手の華やかな活躍の場面しか見たことがありません。素晴らしいプレーを見て「イチローは天才だから」と思ってしまうかもしれません。

◆しかし，このことは，私たちから遠い話ではありません。誰だって何らかの目標を持って生きているならば，（イチロー選手ほどのスターになれなくても）この名言から学ぶことはたくさんあるはずです。イチロー選手はまた次のようにも言っています。

　特別なことをするために特別なことをするのではない，
　特別なことをするために普段どおりの当たり前のことをする。

◆いわゆる「凡事徹底」ということです。挨拶，勉強，当番の仕事，宿題，授業……。当たり前に毎日繰り返されることを一生懸命になってやる。このことが大切だということです。私たちは何かと言い訳をするのです。そうやって力を伸ばすチャンスを失っているのだと思います。準備というのは，言い訳の材料となり得るものを排除し，そのために考え得る全てのことをこなしていくことです。

◆ある陸上競技の強豪校では「てるてる坊主は禁止」だそうです。それは雨になったら負けるという言い訳を許すからだそうです。「どんな雨の場合でもいつもの実力が出せるように周到に準備する」のだそうです。天候やその日の調子などに振り回されるのでなく，自ら自分の「未来」をコントロールする。なるほど。そうすれば「人生が思い通りに進む」ことになるのかもしれません。

【参考】WEB サイト「癒しツアー：イチローの名言・格言集」

子ども自身の成長

20 子ども自身の成長

掃除について考えさせる

😣 こんな時に……

　日々漫然と繰り返される掃除の時間。時にはその意義についてじっくり考えてみたいですね。ともすれば子どもたちは掃除を「やらされるもの」「面倒くさいもの」と考えがちです。しかし，実は掃除というのは自分のいろいろな力を伸ばしてくれるチャンスでもあります。今回のお話では思考力を伸ばす好機ということになるでしょうか。人気芸人のエピソードは子どもたちを惹きつけることでしょう。

♥ 子どもへの指導の意図

　明石家さんまさんだけでなく，今をときめく大スターにはよくあるエピソードです。ネガティブに捉えネガティブに動いている内は，多分いい人生は送れないでしょう。掃除を「素敵なチャンス」と捉えられると人生の楽しみが一つ増えた感じがします。このお話を聞かせた後に，いろんな掃除の工夫点が出てくるとよいと思います。

◆ 保護者に伝えたいポイント

　家でのお手伝い，勉強もまた「楽しいもの」と捉えられるとよいでしょう。考えてみれば幸せな人生というのは幸せを感じられる考え方を持ち，行動することと捉えられるのかもしれません。教師のそのような考え方もどんどん保護者に伝えていきたいものです。

	○年△組 学級だより
# 掃除は「素敵なチャンス」	□月☆日発行

◆この学級が始まって2か月が経とうとしています。クラスでは，「清掃士」という資格を設け，立派に掃除をする子どもに免許を与える取り組みを行っています。毎日，子どもたちは掃除を頑張ってくれていますが，みんなまだ「実習中」です。そろそろ合格者が出そうな雰囲気です。

◆さて，子どもたちにはこれからも掃除にまつわるいくつかのお話を紹介するつもりです。その中の一つが次のお話です。

10代のころ，笑福亭松之助師匠のところで弟子っ子修行をしていたさんまさんは，毎朝廊下掃除をやらされていました。ある冬の日，いつものようにぞうきんがけしていると，酔って朝帰りしたらしい師匠が通りかかり，「なあ，そんなことしてて楽しいか？」と聴いてきたそうです。さんまさんが「いいえ」と答えると，「そうか，そうやろな」と一言。そのあと師匠がかけたのは，"だったら，やめろ"でも，"我慢してやれ"でもなく，「　　　　　　　　　　　　　　　　　」という言葉でした。それからさんまさんは，どうやったらぞうきんがけが楽しくなるか，一生懸命考えたそうです。もちろん，それで作業が楽になるわけはありません。しかし，あれこれ考えるうち，ぞうきんがけがなんとなく楽しく，苦痛ではなくなったそうです。

◆さて，さんまさんの師匠はいったいなんという言葉をかけたのでしょうか？　その言葉でさんまさんの掃除に対する考えが大きく変わったのです。魔法の言葉でしょうね？　答えは「なら，どうやったら楽しくなるか，考えてみ」だったそうです。これは実は私たちにも通じるところがたくさんあるお話です。勉強や仕事。ともにしんどいものですね。できるならやりたくない。でも，その仕事にどう向き合うかで人生は豊かにもなり，貧しくもなるのではないでしょうか？

【参考】WEBサイト「ほぼ日刊イトイ新聞」：おとなの小論文教室。『Lesson486 「働きたくない」というあなたへ　10』

子ども自身の成長

21 子ども自身の成長
物を大切に扱う心を持たせる

😖 こんな時に……
　子どもたちが掃除道具をはじめ物を粗末に扱いだした時は要注意です。その行為が心の荒れであることを伝える必要があります。たとえば帽子や消しゴムなどを放って渡すなどの行為も許してはならない類のものです。学級の荒れはそうした小さな荒れから始まります。ですからそのような言動を慎み，物を大切に扱うことを徹底するだけでクラスの雰囲気は随分落ち着くものです。

♥ 子どもへの指導の意図
　野球少年憧れのイチロー選手。彼がかつてバットを粗末に扱った事実を知る人は少ないはずです。道具を大切に扱うことで有名なイチロー選手の失敗談を知り，それを真摯に反省して言動を慎むイチロー選手だからこそ今の栄光があることを知るお話です。人間誰しも失敗はある。大切なことはそこから何を学び何を変えるかということ。そんなことについて語り合えるといいですね。

◆ 保護者に伝えたいポイント
　わが子の失敗を心配しない親はいません。でもそのことをいちいち憂いていては子育てはできるものではありません。人間誰しも成功ばかりを続けている訳ではないのです。むしろ失敗に次ぐ失敗の中で確実に成長を遂げていくものです。そのことを知っていれば誰しも失敗に対してもっと寛容になれるはずです。今回のような有名人の失敗談を家庭でも話題として取り上げてほしいですね。

道具を大事にしてこそ

○年△組
学級だより
□月☆日発行

◆イチロー選手の試合中のある立ち振る舞いが話題になっているそうです。私も気になって動画を見たのですが，なるほど「噂」通りでした。それはフォアボールの際にバットを丁寧に置いてから１塁へ進塁するという姿でした。多くのプロ選手はバットを投げ捨てて１塁へ進みます。しかし，イチロー選手は卵でも置くかのようにそっとバットを地面に置いてから走り出すのです。この所作がアメリカで話題になっているそうです。

◆かつてイチローがオリックスの選手だった頃，チャンスで打てなかった時にバットを悔し紛れに思い切り地面に叩きつけたことがあったそうです。プロ野球ではよくあるシーンです。しかし，その後イチロー選手は，バットをつくってくれた会社に直々に出向き，製作者の方に頭を下げて謝ったそうです。これは実話です。

◆テレビなら将来野球選手を目指す子どもたちもいたことでしょう。その目の前で感情むき出しの行動をしたことを心から恥じ，その後二度と道具を粗末に扱うことはなかったそうです。そう言われてみれば彼の道具の手入れの話はあまりにも有名です。イチロー選手の行動の裏にはいつも感謝の心があります。その心があってこそ，あの偉大な記録も樹立できたのでしょう。

◆子どもたちにはイチロー選手の映像を見せて話しました。「私たちの勉強道具や掃除道具も大事にしないとね。」そう話すと多くの子たちが頷いてくれました。今，掃除道具入れはいつも子どもたちがきれいに整頓してくれています。掃除以前，勉強以前の問題なのだと思います。

【参考】畑村洋太郎監修・著『失敗の哲学』（日本実業出版社）

子ども自身の成長

22 子ども自身の成長

人は苦難を乗り越えて成長する

😵 こんな時に……

　運動会の演技指導には，かなりの時間を割きます。多くの場合，約1か月間にわたる練習はかなりのしんどさとなります。徐々に疲れてきていい加減な練習態度になったり，ずる休みをしたりする子も現れます。まだまだ未熟な子どものことです。これは必然的なことだといえるでしょう。だからこそ，今自分たちのやっていることにどんな意義があるかをしっかり伝えましょう。「大変な時期を過ぎたらみんな逞しく成長できるからね！　頑張ろうな！」そんな教師のメッセージを伝えたいものです。

❤ 子どもへの指導の意図

　運動会練習では子どもたちは例外なく疲れていい加減な態度を見せ始めます。そんな時にこの話をすることで子どもたちのモチベーションを高めます。そのためには日頃の練習が単なるルーティンにならないように，こまめに評価していく必要があります。練習後のコメントや練習風景の映像などで「大変だけれども確実に成長しているよ！　頑張ろう！」と励ましていきましょう。

◆ 保護者に伝えたいポイント

　子どもたちの頑張る姿を逐一伝えることを保護者は待っています。いつもよいことばかりでなくてよいでしょう。時には叱られる様子も伝えるとよいですね。そんな簡単にはいかない状況の中で子どもたちは頑張っていることを知るからこそ，本番の姿に感動してくれるのでしょう。

苦難があってこそ

○年△組
学級だより
□月☆日発行

◆集団行動のテレビ録画映像（「トリハダ：日体大「集団行動」密着ドキュメント完全版　3時間スペシャル」テレビ朝日系）を見終わりました。どの子も真剣に見入っているようでした。普通は完成された素晴らしい演技だけに目が行くのですが，このドキュメントは完成までにどれだけの苦労，紆余曲折があったかをかなり詳細に伝えてくれていました。もちろん実際には，もっと深く想像を絶する現実の数々があったことでしょう。

◆何か一つのことを成し遂げようとする時，心も身体も無傷ではいられません。理不尽な怒りや悲しさや悔しさを，涙を堪えながら乗り越えていく。その向こう側に言葉にはできない感動が待っているのでしょう。

◆この集団行動は，大学の部活でレギュラーにはなれなかったメンバーが志願してチームを編成するのだそうです。つまり，学生時代にスポーツで注目を浴びることなく過ごしてきた人たちです。集団行動に参加する時点で，何度も挫折を経験してきた人たちなのです。だからこそ，集団行動の演技を完成させる過程で，「何かを精一杯やり遂げて賞賛を受ける経験をさせたい」と指導者の方々は心を鬼にして学生たちに向かい合うのでしょう。

◆今，子どもたちが取り組んでいるマーチングの練習も決して楽なものではありません。暑い中，失敗に失敗を重ねて一つの演技を作り上げる。決して一人では完成させることができない作品を仲間全員で作り上げる。人生の中でそんな経験は何度もできることではありません。

◆マーチングはマーチングそのものが目的ではありません。マーチングを通じて何らかの力を身につけるためにやるのです。たとえば「協力する力」「我慢する力」「先を読んで動く力」「友達を助ける力」などです。これらの力は運動会本番を終えてもなお，子どもたちの中に残るものです。だからこそそれらの力が今後，修学旅行，学習発表会，マラソン大会，そして卒業式へとつながっていくのです。どんな力をつけていくのか？　子どもたちと一緒に考えてみたいと思います。

子ども自身の成長

23 子ども自身の成長
改めて「賢さ」について考えさせる

😵 こんな時に……

　子どもたちは学歴やテストの点数だけで人の価値を決めてしまいがちです。もちろんそれらは人生において大きな意味を持つことには違いありません。しかし，そもそも学歴があり，テストの点数を取れる人には共通点があるはずなのです。それが「先を読む」力です。「こんなことをしたら人は喜んでくれるだろうなあ」「これは相手は傷つくだろうなあ」という考え方もまた「先を読む」力があるということなのでしょう。学歴やテストそのものが「最終目的化」することが浅薄なことだと伝えていきたいですね。

♥ 子どもへの指導の意図

　塾などに行く子の中には，有名校に入ることだけが大切なことだと考えている子が少なくないと聞きます。実に浅薄なことですね。目標を持って勉強に励むのはいいのですが，ひどくなると勉強ができない人＝劣っている人というような誤った価値観を持ちかねません。勉強ができて自慢ばかりで人を平気で傷つけるような人には「先を読む」心が欠落しています。勉強は人の役に立ってこそ活きてくる。そんなお話をしてあげたいです。

◆ 保護者に伝えたいポイント

　親はわが子に勉強ができて，「よい学校」「よい会社」に入ってほしいと願っているものです。しかしそれらが最終目的ではないこともしっかり子どもには伝えてほしいですね。どんな学歴であってもどんな職業であっても人のために尽くすことを誇りに思う。そういう生き方こそ「賢い」ということではないか。そう伝えていきたいものですね。

「賢い」ということ

○年△組
学級だより
□月☆日発行

◆私たちは「あの人は賢いなあ」などという言い方をすることがあります。さて，この「賢い」というのは一体どういう意味なのでしょうか？ 勉強ができるという意味でしょうか？ それとも成績がよいという意味でしょうか？ あるいは物事をたくさん知っているという意味でしょうか？ 手元の辞書には「頭がよい。才知がすぐれている。」などとあります。ということは先に示した3つの意味はそれぞれ正解と言ってもよいでしょう。

◆しかし，私は少し違う考えを持っています。「賢い」とは先を読み，的確に行動する力を持っていることだと考えています。この場合の「的確」とは「結果として自他を大切にできる」という意味です。

◆自分を大切にするとは自分を甘やかすことではありません。自分の力を伸ばす努力を惜しまないということです。他人を大切にするとは……他の人に幸せな気持ちになってもらうことを喜びと感じられるという意味です。

◆こう考えてみると，このクラスにはたくさんの「賢い」人がいます。例えば算数の時間前に，だれに頼まれたわけでもないのに算数のノートを自発的に配ってくれる人です。例えば，2時間目が終わったら，机の上に3時間目の用意をきっちりできる人です。例えば，朝登校したら，決められた宿題を決められた場所に提出しておける人です。例えば，しんどそうな友達がいたら「大丈夫？」と優しく声をかけてあげられる人です。例えば自分が出したのではないゴミをさりげなく拾ってゴミ箱へ捨てられる人です。

◆「今何をすることで，いかに自分は力を伸ばし，他の人を幸せにできるか？」判断できる力を大いに伸ばしてほしいと思っています。勉強ができる人というのは，何日後にテストがあるのか？ 今の自分に足りない力は何か？ 故にどのような勉強をいつまでにすればよいのか判断して実行できる人のことなのでしょう。自分への厳しさがテストの点数に反映されているだけのことなのだと思います。自分の持つ甘えと戦って，大いに「賢く」なってほしいと思います。

子ども自身の成長　55

24 子ども自身の成長

反抗的な子どもをいさめる

😖 こんな時に……

　中には屁理屈をこねて教師に反抗してくる子もいるものです。そのような時は理詰めで追い込みましょう。つまり，反抗して学校生活そのものを否定するのならそれ相応の覚悟を決めてもらうのです。反抗的な子どもの多くはまさか教師が親に自分が学校をやめる相談をしにくるとは思ってもいません。教師はもし子どもが開き直っても確実に毅然と親に報告する覚悟を持って臨みましょう。

♥ 子どもへの指導の意図

　反抗する子の多くは大人をなめている場合が多いです。教師の感情を逆撫でする暴言もよく知っています。教師はその手には乗らず冷静に理詰めで追い込んでいきます。その教師の覚悟を感じた時多くの子どもは「降参」します。それでも諦めない強者に対しては，宣言通り親との相談に臨みましょう。

◆ 保護者に伝えたいポイント

　マイナス面を報告する場合，単に「お宅のお子さんはこんなにも悪いことをするのです。」という事象だけを伝えるのはＮＧです。逆に日頃から連絡を取り合い，その子の良いところをほめるなどしてパイプをつないでおきましょう。ここを外すとその親がモンスターペアレント化する危険性があります。どんなに「自分の子が出来の悪い子」だと思っていても，その子を愛さない親はいません。その親のプライドも大切にしてあげることを忘れてはなりません。

学校をやめたいのなら…

○年△組 学級だより
□月☆日発行

◆「学校行くの，面倒くさい！」「授業を受けるのはいや！」などという言葉をよく耳にします。そんな時に私は「ああ，この子は今弱い自分と戦っているのだなあ。頑張って乗り越えよう！」と心の中で応援することにしています。私だって教師ですが，夏休み明けや月曜日には「ああ，仕事に行きたくないなあ。さぼって寝ていたいなあ」って思いますから。でもみんなも私も暗くて重い心を引きずりながら学校へ来るんですよね。お互いの健闘にまずは拍手！　です。ただ，中には「本気」でそのようなことを言う人がいます。愚痴くらいなら聞き流すのですが，授業を妨害されて困る時に注意すると，反抗的な態度で，けんかごしに言われることがあります。このような時は笑顔で「それもいいね」などと言っている場合ではありません。

◆「あなたは本気で言っているのですね？」と気持ちを確かめさせてもらいます。それでも「本気だ！」と公言してはばからない時は私も勝負に出なければなりません。次のように言います。「私はあなたのご両親から『わが子に学校でしっかり力を身につけさせて下さい。そのためにわが子を先生に預けます』とお願いされています。あなたをどのように指導するかについては家庭訪問や懇談会などで確認し合っているのです。ですから，あなたが『勉強はいや！』と言ったところであなたの一存では決めることはできないのです。もし本気でそう思うのなら，あなたとあなたのお家の人と，私と校長先生と話し合いをしましょう。そうしてもしあなたのお家の人が『うちの子には授業をしてくれなくてよいです』というのなら学校へ来ないことも許されるでしょう。あなたが「勉強はいや！」と言ったことを伝えます。自分の願いをみんなが聞いている前で話しなさい。覚悟はいいですね？」こう言って「はい。来てください。」という子は一人もいません。愚痴で「いやだなあ」と言いたい時はいくらでも言えばよいですが，本気ならそれ相応の覚悟がいるのです。よく覚えておきましょう。

子ども自身の成長

25 子ども自身の成長
子どもの心の荒れをおさめる

😖 こんな時に……
　子どもたちの会話の中に暴言や文句，愚痴のようなものが混じるようになったら，子どもたちの心が荒れ始めている証拠です。そんな時にはこのお話で，よく生きることの大切さ，素晴らしさを伝えましょう。

♥ 子どもへの指導の意図
　マイナスの言葉をしょっちゅう言う子どもたちの多くは，自分もまたそのような言葉を言われていることが多いです。そのような子どもにいくら「暴言を吐くな」と言ってもおさまることはありません。子どもの心自体が荒れているからです。このお話は「暴言は人間なら人生の中で少なからず吐きたくなるものである」ことと「その後の言動で将来の幸福，不幸が決まること」を伝えることを意図しています。子どもたちの人生のパラダイムを変えることができればと思います。

♦ 保護者に伝えたいポイント
　ほとんどの保護者は自分の子どもが暴言や文句などマイナスの言葉を口にすることも，耳にすることも，快く思っていません。中には暴言自体を100％マイナスだと思う保護者もいます。しかし，人が必ず将来出会うであろう困難を逞しく乗り越えていく術もまた必要なことを伝えることができるとよいでしょう。

二種類の人間

○年△組
学級だより
□月☆日発行

◆人生は楽しく嬉しいことばかりではありません。つらく悲しいこともたくさん起こります。自分にとってよくないことが続くと心まで暗くなってしまいます。しばらくは落ち込んで，笑顔を忘れてしまうこともあるでしょう。そんな時，私は友達に愚痴を聞いてもらうことにしています。私の親友は嫌な顔一つせずに「うんうん」とうなずいて話を聞いてくれるのです。逆にその友達が悩んでいる時は私が聞いてあげます。困った時はお互い様というわけです。

◆できるなら嫌なことはない方がよいでしょう。しかし，困難に出会わずに生きていくことは不可能です。人生は良いことと悪いことが50％ずつあると思っておくとよいと思います。良いことがあったら，その後に必ずといってよいほど悪いことが起こるものなのです。逆に，今嫌なことがあってもその後に必ず良いことが待っているものです。

◆実は大切なのは，嫌なことが起こったその後です。ここで人間は大きく二種類の人間に分かれます。一つは「この辛い思いを他の人にも味わわせてやろう」と思う人と「こんな辛いことは他の人には味わってほしくない」と思う人です。共に辛い痛く悲しい経験をしたことに変わりありません。でも，その後の人生は大きく変わってきます。どちらの方がたくさんの人を幸せにできますか？　あなたはどちらの人生を選びますか？

◆人は自分だけでなく，他の人を幸せにするために生きるのです。人が喜んでくれるなら，たとえ自分が逆境にあっても構わない……そんな人には必ずたくさんの優しい人が集まり，いざという時には力をかしてくれるでしょう。苦しみ悲しみさえも人の幸せに変えていける，とても素敵な生き方だとは思いませんか？

26 子ども自身の成長

素直さが成長のもとと教える

😵 こんな時に……

　子どもたちが言うことを聞かない時には，それが後々どのような不幸が訪れるかを話しましょう。大人が諭すことにいちいち逆らっていては人間として決して成長できないことをしっかり教えます。結局は素直に生きる人が幸福になれるのです。

♥ 子どもへの指導の意図

　子どもたちは刹那的に行動します。深く考えず，その場をしのぐためだけに浅薄な行動に出るものです。その行動の１つが教師への反抗です。教師に逆らって生きていくことが，いかに自分にとってマイナスになるのかを医師の投薬を比喩にして伝えます。苦かろうが不味かろうが言われたようにしないと疾病や怪我は完治しません。同様に，教師の言うことを守らないと人生，幸せに生きられるはずがありません。愛情をもつからこそ厳しく接してくれることに感謝するような子どもを育てたいですね。

◆ 保護者に伝えたいポイント

　「私の言うことを聞きなさい。間違いないから。」という限りは日頃からしっかりした指導を心がけておく必要があります。保護者に反感をもたれると実践は何かとやりにくいです。「あの先生がおっしゃるのだから，しっかり聞きなさい！」と子どもに諭してもらえるように日々の実践を充実させていきましょう。

医師と教師の共通点は？

○年△組
学級だより
□月☆日発行

◆お医者さんと学校の先生。「師」という漢字がつくものの，その仕事の内容は全く異なります。教師も大変ですが，医師の仕事の大変さはその比ではないでしょう（あくまで私の実感ですが……）。かつて何度か私の家族が入院したことがありますが，医師は的確な診断を行い，的確な治療をしてくれます。おかげで，元気に社会生活ができるようになるのですから，「お医者さんって凄いなあ。賢いなあ」と何度も感心し，異なる仕事と思ったものでした。しかし最近，教師と医師に共通点があると気づきました。

◆一つ目は「人がその場所にいなくてもよいようにする仕事である」という点です。医師は病気の人をいち早く治し，もう病院に来なくてもよいようにするのが仕事です。いつまでも入院しているのでは社会へ復帰できませんからね。そして教師も子どもたちに力をつけて，もう学校へ来なくてもよいようにするのが仕事です。いつまでも学校にいるのでは社会人になれませんからね。

◆二つ目は，「医師も教師も，いずれの言うことも守らなければならない」という点です。医師は患者の病気を早く治すために投薬や手術を行います。これに逆らって患者が「苦いから薬も飲まないし，痛いから手術も受けない」と言えば，いつまでたっても完治しません。教師もまた子どもたちに力をつけるためにいろいろなことを要求します。「宿題をしなさい」「話を聞きなさい」「姿勢を正しなさい」などの指示に逆らっていれば，いつまでたっても締め切りまでに仕事を提出する力や，人の話を大切にする力，かしこまって真剣さを相手に伝える力を身につけることはできません。その意味で医師も教師も人間の人生を扱う仕事なのです。

◆私のいきつけの眼科医は，薬を飲まないでいたら「そんなことしていると失明するぞ！」と厳しく患者を叱ります。教師も時には厳しく子どもを叱ることがあります。子どもの人生を思って，です。叱られた時は素直に謝り，感謝する姿勢を持ち続けてください。

子ども自身の成長

27 子ども自身の成長

大きな声を出す大切さを伝える

😖 こんな時に……

　子どもたちの声が小さくてよく聞こえない時などには，声を出すことの意味をまず教えてみるのもよいです。子どもたちは何もわからず，ただただ，音読をしていたりします。もちろん，声が小さいよりは大きい方がよいことくらいはわかっていても，自分が納得しないとなかなか大きな声を出しません。「その声で人は救えるか？」くらいの気概を教えるのもまた大切なことです。

♥ 子どもへの指導の意図

　社会に出ると何かと声を出さねばならない状況に迫られます。極端な話，大きな声を出すだけで，「元気があってよい」「はきはきしている」とアルバイトなどの面接でも好印象です。逆に声が小さいと，いくら才能があっても大人として認めてもらえないこともあります。焦らなくてもいいから，1年後には大きな声が出せたらいいね，くらいのスタンスで指導できるとよいでしょう。

◆ 保護者に伝えたいポイント

　わが子が大きな声を出せるようになって困る親はいません。逆に小さな声しか出せないことを心配する親はいます。学校生活の中で大きな声が出せるようになった事実は教師への信頼感も増していきます。難しいことでなくてもよいのです。「おはようございます！」「いってきます！」など日々繰り返す挨拶もまた，よいトレーニングの場となることも伝えられるとよいでしょう。

なぜ声を出し，表情をつくることが大切か

○年△組 学級だより
□月☆日発行

◆日頃から人前で堂々と自己表現できる力を身につけることは大切だと，子どもたちに話しています。子どもたちが「わかっていてもやっぱり恥ずかしい」と感じるのも理解していますが，自分を堂々と表現できることは，「勉強や仕事ができるかどうか」以前にとても大切なことです。大きな声で，笑顔で，コミュニケーションがとれたら，立派に社会の中で生きていけます。声を出し，表情をつくることは大切なことなのです。

◆私は今まで何度か，事故や急病で見ず知らずの人が倒れた場面に出くわしたことがあります。十年程以前にも，国道で横倒しになっている車を発見しました。どうやら事故からあまり時間は経っていない様子でした。「どうしようかな？ これから仕事だし，誰も乗っていないのでは……」と思い，一旦はその事故車の横を通り過ぎました。しかし，何か気になって引き返し，車を停めて，事故車を覗いてみました。すると車内に老夫婦が取り残されているではありませんか！ すぐに110番通報すると共に，他の通行車両に応援を求めました。職人風の方が「どうしたんや？」と駆けつけてくださいました。すぐに二人で窓をこじ開けて二人を救出し，安全なところへ避難してもらいました。幸い大きな怪我はなかったようでした。交通整理をしながら，警察と救急車の到着を待ちました。数分でパトカー2台，レスキュー車3台が到着！ お巡りさんに状況説明をし，救急の方に老夫婦の状態，容態を報告しました。

◆私は子どもの頃から学生の時も電車やバスでドキドキしながらお年寄りに席を譲っていたのを思い出します。意識していなければ，いざという時に身体は動きません。小学生に事故車を助けるのは無理かもしれませんが，授業中に臆せず発表することが，将来，人を助けることにつながる可能性は大いにあると思っています。その上で，まだそこまでできなくてもよいとも思います。成長と共に少しずつ少しずつ自分の殻を破っていってほしいなと思っています。

子ども自身の成長

28 子ども自身の成長

我慢に耐えるのは潔い

😖 こんな時に……

子どもたちが今ある豊かさを当たり前だと思っている言動を見せた時には厳しく「説教」がてら，この時代の可能性について語りましょう。豊かな時代だからこそ，我慢し耐えることに意味があること，その潔さを伝えたいものです。

♥ 子どもへの指導の意図

第二次世界大戦後すぐの頃のように，食べるものも満足になく，電化製品や交通なども不便だった時代にやむなく我慢するのと，贅沢しようとすればいくらでもできる時代に我慢するのとではどちらの方が難しいか，子どもたちに考えさせましょう。「最近の子どもたちは恵まれすぎていてダメだ。」という苦言は実は違うということ，現代っ子だからこそ昔よりも忍耐力をつけることは可能であること。そして，その力は将来きっと生きてくることを，自信をもって教えましょう。

◆ 保護者に伝えたいポイント

恵まれた時代にこそ節制し，我慢を重ねることの大切さを伝えましょう。質素を心がけて子育てをしている家庭もありますが，逆に思い切り甘えさせている家庭もあるでしょう。子どものうちに，耐えることは大切で教えていきたいものであるという教師の願いを伝えることができるとよいでしょう。

豊かな時代だからこそ心は鍛えられる

○年△組 学級だより
□月☆日発行

◆私は昭和40年生まれです。日本が終戦の焼け野原からやっと立ち上がって世界トップの先進国になろうとしていた頃です。テレビは白黒で，エアコンもない時代でした。第二次ベビーブームで学校の教室は足らず，プレハブでした。夏は暑く，冬は寒く，エアコンが完備されている現代とは雲泥の差でした。

◆学校だけではありません。家庭生活も大きく進化しました。いまやお風呂など自動で丁度いいお湯が浴槽に満たされます。炊き上がった時間をチャイムや音声が教えてくれたりします。昔は，水を浴槽に張ってからガスで沸かします。ちょっと目を離そうものなら，水をあふれさせたり，沸かしすぎて熱くて入れなかったりしました。

◆このような時代に対して，年配の方から「この頃の若者は恵まれすぎて，豊かすぎて甘えている。」などと言われることがあるかもしれません。確かに30年前と今とでは，家庭生活，学校生活，交通，娯楽などがまったく異なっています。豊かすぎて，便利すぎて，横着する人も多くて当たり前かもしれません。

◆しかし，ここで考えてほしいのです。「贅沢しようがなかったから質素」というのと「贅沢しようとしたらできるけど，あえて贅沢せず質素」とではどちらの方がすごいと思いますか？　私は後者だと思うのです。誘惑に負けずに自分に厳しさを課して，自律して生きているからです。その可能性を試せるのは，むしろ現在ではないでしょうか？　豊かで恵まれている現代だからこそ自分の甘さ，弱さと戦えるのです。現代はそんな素晴らしい時代だとはいえないでしょうか？　さあ，明日から自分の弱さと戦って力を伸ばしていきましょう。それは恵まれた今にしかできないことなのです！

29 子ども自身の成長
読書の効能を感じさせる

😵 こんな時に……

　読書週間や国語の読書指導の単元に入った時などに，ぜひこのお話をしましょう。言葉というのは記号です。その記号から自分の生活体験のストックの中にある具体物を想像し，それらを組み合わせることで人間は文章を理解していくのです。それは一つのイメージ力ともいえるでしょう。読書には間違いなくプラスの効能があります。このことを子どもたちに伝えましょう。

♥ 子どもへの指導の意図

　読書ができれば必然的に国語力はアップします。逆に読書をしないと，どんどん国語力は落ちていきます。国語力の低い子どもに文章読解を強いることほどつらいことはありません。読書は自分にとって大切なものであるという認識をもたせ，自発的に読書できる子どもを育てたいものです。

◆ 保護者に伝えたいポイント

　保護者の中に「読書はダメ！させないで」という人は，まずいないでしょう。呼吸するように読書できればコミュニケーション能力はおのずからアップするはずです。家庭でもどんどん読書をすすめてもらえるようにお願いしましょう。

読書は経験したことのない世界を味わわせてくれる

○年△組
学級だより
□月☆日発行

◆あなたたちは一か月にどのくらい本を読みますか？ この場合の本とは漫画でなく，活字ばかりの本です。私は200ページくらいの本を5冊くらいは読みます。みなさんなら，小学生向けのお話を5冊も読んでいればなかなかのものですね。

◆さて，人間にとってなぜ活字を読むことがよいのでしょうか？ それは想像力を成長させるからです。想像力がある人は相手の気持ちに立って物事を考えることができるようになります。たとえば「りんご」という言葉を聞いて，あなたはどんなものを想像しましたか？ 青りんごですか？ 赤りんごですか？ 大きいですか？ 小さいですか？ それは人それぞれでしょう。ところが小説の中で「そのりんごは恐ろしい程黄色く，小梅くらいの大きさだった。」という表現があったりします。あなたは今までのりんごのイメージを崩して，「黄色く，小梅ほどの小さなりんご」を想像してお話を読み進めるはずなのです。つまり，活字というのは今までに，自分が経験したことをもとに経験したことのない世界を味わわせてくれるのです。

◆読書でそんな経験をたくさんしている人は，普段の人付き合いからして，様々な想像をできるようになります。小説には冒険ものもあれば恋愛ものもあります。自分が行ったことのない国の景色，会ったことのない人の性格まで自分が今まで得てきた経験をもとに膨らませて想像することができるのです。

◆私は戦争のお話を何十冊と読んでいます。私は戦後生まれですが，読書のおかげであの頃の悲惨な戦場や貧しい生活のことを想像して，今の平和を噛み締めることができます。みなさんもたくさんの本を読んでいろいろなことが想像できるようになってください。図書館へ行くのが楽しみになってきますね！

30 子ども自身の成長

大きな声を出すメリットを実感させる

😖 こんな時に……

　子どもの声が小さい時があります。特に高学年になると声を出さなくなるというのが「常識」だそうです。しかし，それは言い訳に過ぎません。多くの場合，恥ずかしいからとか，面倒くさいからだとか腑抜けた理由で子どもたちはサボろうとしているのです。そこで大きな声を出すことの意義をしっかり伝えましょう。大きな声を出すことのメリットを教え，あとは成功体験を積み重ねていかせればよいのです。

♥ 子どもへの指導の意図

　暗唱や校歌などを毎日口に出して練習しているクラスなら，大きな声を出すことはそれほど難しくはありません。朝一番に声を出すと，脳が目覚めて勉強にも集中しやすくなります。大声はその場で力を引き出すことよりも，脳を目覚めさせ，その後の学習活動に良い影響を与えるためだと思っています。日頃から大きな声を出さないクラスではまずは声出しの意義から丁寧に伝えていきましょう。これができれば挨拶もしっかりできるようになります。できれば学級開きが終わってからの早い時期に話しておくのもよいかもしれません。

◆ 保護者に伝えたいポイント

　家での会話だけでなく，外へ出た時にいろいろな人たちと挨拶する時にも「大きな声を出そう」とご家庭で話してもらえると助かります。将来，大きな声で元気よく挨拶ができるだけで食いっぱぐれしないでしょう。逆にいくら良い能力をもっていても，声に出してアピールできなければ他人様にはなかなか認めてもらえません。大声はそれだけで大きな武器となるのです。そんなお話も伝えていけたらよいですね。

大きい声は脳に働きかける

○年△組
学級だより
□月☆日発行

◆毎日暗唱や合唱に取り組んでいます。その際，大きな声をしっかり出すことを心がけています。怒鳴り声ではありません。聞いていて気持ちの良い凛とした声です。さて，この大きな声はなぜ出すのでしょうか？ いくつかの考えがありますが，興味深いお話があったので簡単にその要旨を紹介します。

「重いものを持ち上げる時に『よいしょっ！』と声を出したことはありませんか？ 今度一度，声を出さずに持ち上げるのと声を出して持ち上げるのとではどちらの方が軽く感じるかやってみてください。きっと声を出す方が軽く感じるはずです。これは声を出すことで集中力が高まるからだそうです。科学的に証明されているそうですよ。すでにゴルフや体操などのスポーツ競技でもその効果が認められているそうです。これは普段から練習しておかないと急にはできません。これから先，声を出して力を出さねばならない時がたくさんあるでしょう。そんな時に備えて毎日声を出す稽古をしていけるといいですね。」

ただいたずらに「声を出せ！」と言っても，子どもたちは納得しません。しっかりとした理由を示してあげる必要があります。そして，その理由を知って「よし！やろう！」と思い，素直に継続していくことが大切なのです。

【参考】WEB サイト「認知症予防・ボケ防止サイト老年若脳」

31 友達や人との関わり
安心して力を発揮できる環境をつくる

😟 こんな時に……

　授業が始まり，一日の学校生活がペースに乗り始めてきた時に子どもたちの「聞く態度」をチェックしましょう。ここをおろそかにしていると学級の雰囲気はどんどん悪くなっていきます。また，もし学級が落ち着かないなあと感じたら，「聞く態度」がどうなっているかチェックしてみましょう。

♥ 子どもへの指導の意図

　意見を発表する友達の方向を見て，うなずいたり真剣な眼差しを送ったりしている学級なら，まず子どもたちは安心して自分の力を発揮できる雰囲気の中にいると考えていいでしょう。逆に話す友達を蔑ろにしているような雰囲気の中では子どもたちは自分の力を発揮できずにいると考えられます。聞くことの大切さを子どもに伝えることも大切ですが，聞き方のトレーニングを経験させることも有効です。

◆ 保護者に伝えたいポイント

　友達と仲良く遊ぶこともももちろん大切ですが，日々の授業などで友達の話を「大事に聞く」ということもまた大切であることを伝えましょう。友達はもちろんのこと，家庭でも親兄弟の話を蔑ろにしないで聞くことの大切さも保護者に伝えていけるといいですね。

友達を大切にするって？

○年△組 学級だより
□月☆日発行

◆人が話をしている時に，手遊びやよそ見をしている人がいます。友達が起立して発表しているのに背中を向けている人もいます。そんな時に私は「それが友達を大切にする聞き方ですか？」と問いかけて，全員に考えてもらうことにしています。

◆すでに子どもたちには話したのですが，聞くというのはただ音声を耳でキャッチすればいいというものではありません。しっかり話す人の方を向き，反応しながら，必要に応じてメモも取りながら聞くのです。（ある会社で新人研修中に，上司の説明をメモしなかったために研修修了を認めてもらえなかった新入社員がいたという話もあります。）

◆まずは二人組になって，相手の話をよそ見や手遊びしながら聞かせます。感想として「話す気がなくなる」「腹が立つ」「悲しい気持ちになる」「わざとよそ見しているだけで申し訳ない気がする」などというものが出されました。次に「友達を大切にして聞きなさい」と指示してお互いにおしゃべりをさせます。その後の感想では「とても安心して話すことができた」「相手に良い感情を抱ける」などというものが出されました。

◆日々このような聞き方を続けて教室に「あなたを大切にしているよ」というムードを作り出すことが，全員が安心して力を発揮できるクラスにするために必要なことなのです。

32 友達や人との関わり
丁寧な物の受け渡しを教える

😵 こんな時に……

　プリントや鉛筆などを放って渡す，無造作に机の上に放り投げて返す。逆に差し出されたものをひったくって受け取る……。子どもたちはこのような失礼極まりないことを無意識のうちに平気でしてしまいます。社会に出て，このような物の受け渡しをしているとすぐに信頼を失います。些細なことではありますが，きっちり物の受け渡しの仕方を教えたいものです。

♥ 子どもへの指導の意図

　1年間，教室では実に多くの物の受け渡しが行われます。毎日配付されるプリントはもちろんのこと，給食の配膳，返却ノートなど，1年間に数百回はくだらない頻度で子どもたちは受け渡しをします。1年間に数百回相手のことを考えて丁寧に受け渡しをする教室と，数百回乱暴な受け渡しをする教室とではどちらの方が優しく温かい教室になるでしょうか？　空気を吸うように相手に丁寧に接することのできる教室にしたいものです。

◆ 保護者に伝えたいポイント

　家庭でも実にたくさんの物の受け渡しが行われているはずです。学校での様子を伝えて家庭でも協力してもらえるとよいでしょう。丁寧に物の受け渡しをしている親子の家庭はまず間違いなく子どもがしっかり育っています。まさしく「子は親の鏡」なのです。

「物」の上にあるもの

○年△組
学級だより
□月☆日発行

◆始業式の日に「どうぞ」と「ありがとう」の話（『学級通信の「いいお話』』№1参照）をしたので，今では多くの子が思いやりと感謝の言葉で物を手渡してくれるようになりました。

◆しかしながら，給食の食器を片づける時に乱暴に食器を放り投げてカゴの中に返す人が多くいました。食器は樹脂製なので破損しませんが，陶器ならとっくに割れているであろう勢いです。「音を立てないようにしましょう。」と取り急ぎ注意はしましたが，今日は時間を取って話をしました。

◆まずはノートを例にあげて話しました。「もしこのノートを放り投げて返されたらどんな気持ちがしますか？」多くの子がいい気持ちはしないでしょう。「でも丁寧に手渡し，できれば軽く会釈を付け加えるとどんな気持ちがしますか？」実際に前にいた子とお手本を示してみました。「とても嬉しい気持ちがします。」と答えてくれました。

◆ここで次のように言いました。「ノートでもペンでも消しゴムでも，相手が受け取った瞬間，その『物』を橋渡しにして二人の人がつながります。この時，その『物』の上には何が表れるかわかりますか？」すると一人の子が「ハート（心）」と答えてくれました。その通りです！ 物を受け渡しする時にはその『物』には渡す人のハート＝心が表れるのです。みなさんはどんな物と一緒にどんな心を相手に渡したいですか？

◆同様に食器のことを考えてみましょう。この食器はみなさんがここに返して終わりではありません。この後，給食調理士のみなさんがきれいに洗ってくれるのですね。もし調理士さんが目の前におられたとして，放り投げて返されたらどんな気持ちになるでしょうか？ 逆に丁寧にやさしく心をこめて返したら，どんな気持ちになるでしょうか？ 他でもないあなたもまた優しい気持ちになれるはずですね。このことはコンビニやスーパーなどで買物をする時のお金の渡し方にも通じます。どこでもだれとでも，心をこめた受け渡しができるようになりましょう。

友達や人との関わり

33 友達や人との関わり

人に尽くす姿勢を教える

😵 こんな時に……

　例えば「この仕事やっといて！」と頼んだ時に「自分がやったのではないから」といってやらない子どもがほとんどです。中には「いくらくれる？」などとフザケたことを言う子どももいます。まずその卑屈な精神を何とかしなければなりません。そのためには子どもたちが「はっ」とするような出来事を間接体験させることが有効です。このお話は岩手県の元小学校校長・長野口晃夫先生から教えていただいたものです。

♥ 子どもへの指導の意図

　子どもたちは損得勘定で動くものです。何か自分にとって「快適で得になること」でなければやらないというものです。そのこと自体は人間として当然と言えば当然なのですが、問題は何が「快適」と捉えるかです。ここでは「人に道を譲る行為」そのものが損ではなく、自分にとって得であり、快適なことなのだと考える人の存在を知ることになります。これは子どもたちの考え方を大きく変える可能性を持っているといえるでしょう。

◆ 保護者に伝えたいポイント

　子どもたちに「お母さんは何と言ったでしょう？」と聞くと多くの子どもは「お母さんはその女性のことを否定的に捉えている」と答えます。きっと多くの保護者もそう思うのかもしれません。このお話は子どもばかりでなく、大人の価値観をも変える可能性を持っています。保護者の多くもこのお話の結果に「う～ん」となることでしょう。

見返りを求めない

○年△組 学級だより
□月☆日発行

◆あるデパートに母子が出かけた時のことです。入り口から入ろうとすると，中から年配の女性が大きな荷物を持って出ようとしていました。そこに母子がばったり出くわしたのですね。入り口があまり広くなかったので，その母子は「どうぞ」と道を譲り，先にその女性を通したそうです。すると，お礼を言うどころか母子の方を少し見ただけで，不機嫌そうな顔をしてさっさとデパートの外へ出て行ったそうです。この様子に子どもの方が不愉快な気持ちになり，横にいた母親に「何て人でしょう！　ひどいよね，お母さん？」と聞いたそうです

◆さてこのあとこの母親は何と答えたでしょうか？　子どもたちに問うと「何て人でしょうね。」「あんな人になっちゃいけないよ。」「忙しかったんだろうね。」「気にしないで忘れましょう。」などの意見が出されました。そうですね。私だってその場にいたらそう言っていたことでしょう。

◆しかし，そのお母さんはこう言ったそうです。「いいのよ。別にお礼を言ってほしくて道を譲ったんじゃないから。」これには一本取られた！　という気持ちになりました。腹が立つということは「お礼を期待していた」からです。人が困っていたら，理由はともかくその人を助ける……たとえ見返りがないとしても。なかなかそう思うことは難しいですが，そのような考え方もあるのだと，私は初めてその話を聞いた時大変感じ入ったのを覚えています。

◆世の中には理不尽なことがたくさんあります。腹が立って仕方ないこともたくさんあります。そんな時，少し考え方を変えてみるというのも大切なことだろうと思います。案外世の中はよいもので，コンビニの入り口で後から来る人にドアを押さえて待っていてあげれば，どんな人も必ず「ありがとうございます！」と言ってくれることが多いですが，もし言ってもらえなくても「これでいいのだ！」と笑顔でいられたら素敵な人生だと思うのです。

友達や人との関わり

34 友達や人との関わり
支えてくれる人たちへの感謝を教える

こんな時に……

　地域のスポーツチームに所属し，レギュラーとして活躍している子は多いと思います。しかし中には天狗になって「自分はうまいんだ！」とばかりに学業を疎かにする子どももいます。そんな時に「光あるところに影がある」ということを伝えましょう。すぐに考え方は変わらないかもしれませんが，間違いなく一流と言われるスポーツ選手は自分を支えてくれる人のことを大切にしているものです。

子どもへの指導の意図

　指導者にもよるのですが，勝利至上主義の指導を受けた子どもは学校で荒れる傾向にあるように感じています。本来ならばそれぞれのスポーツの指導者が「心の大切さ」も指導しなければならないのに，現実はそうではないようです。間違っても自分の活躍を自分一人の力だなどと思うな！　そんなメッセージを送りたいです。そんな時に役立つお話です。

保護者に伝えたいポイント

　子どもたちと一緒に週末はスポーツ漬けという保護者も多いようです。もちろん，わが子が所属するチームが勝ってほしいと思うのはわかりますが，練習中や試合中に罵詈雑言で子どもを怒鳴りつける指導者が中にはいるのも深刻な問題です。そのようにスポーツチームで抑圧されていたストレスを学校で発散する子どもが出てきてしまいます。スポーツマンとは陰になって支えてくれる人に感謝するべきだということも保護者に伝えたいものです。

	○年△組 学級だより
# 光あるところに影がある	□月☆日発行

◆4日の道徳の時間にある映像を見ました。関東学院大学ラグビー部が大学で初優勝した時のエピソードです。明治大学との決勝の2日前，東京は15cmの積雪。関東ラグビーフットボール協会は「新参者」である関東学院に雪かきの要請をします。当時関東学院には100名以上の部員がいました。そして4年間一度もレギュラーになれなかった4年生が中心になって国立競技場の雪を全部片づけたのです。補欠組のリーダーだった選手は雪かきが終わってからこう言ったそうです。「俺たち初めて（チームの）役に立ったなあ。」と。

◆このことを知ったレギュラーメンバーは「今日の試合は絶対に負けられない。優勝して140人全員を日本一の選手にしなくちゃなあ！」と発奮し，見事初優勝を遂げたのです。監督は最後に言いました。「ウチは140人全員で戦った。相手は15人！ 負けるはずないじゃないですか！」

◆この後，就職率100％で有名な奈良県立王寺工業高校の久保田校長の手記（久保田憲司著『「就職率100％」工業高校の秘密 「ものづくり」の面白さが若者たちを変えた』PHP研究所）を読みました。就職のシーズンになると，「運動部でいい子がいませんか？」と会社からスカウトが来るそうです。「野球部のレギュラーでいい子がいますよ。」と久保田先生が言うと，「いや，補欠の子はいませんか？ たとえ試合に出られないとわかっていても3年間ボールを拾い続けられる子。そういう子は会社に入ってからも頑張ってくれるんです。」と会社の方は言われたそうです。一度もレギュラーにもなれない選手だからこそ，忍耐力，責任感が強くなるのです。補欠の選手にはレギュラーにはない逞しさが備わるということでしょう。

◆光り輝き活躍する人の裏には必ず陰になって支えてくれる人たちがいることを忘れてはなりません。陰になってくれている人たちのためにレギュラーは頑張る。私もスポーツを指導する者として，しっかりそのことを選手に伝えていかねばと思っています。

35 友達や人との関わり
悪口をいさめる

😖 こんな時に……
　子どもたちの会話からちょっとした友達の悪口と捉えられるようなことが聞こえるようになってきたら指導のタイミングです。もちろん新学年度にビシッと話して釘を刺すのもよいでしょう。また同時進行で子どもたちが自信を持って頑張れる場を数多くセッティングし，折に触れてフィードバックしていくことも大切です。

♥ 子どもへの指導の意図
　子どもたちは何も指導しないでいると，人を攻撃してダメージを与える術をあちこちから自力で学んできます。そうして平気で人を傷つけて快感に浸ることを覚えていきます。そこで，そのような行為がいかに人間として下劣なことであるかを教える必要があります。「弱い犬ほどよく吠える」と言います。その惨めさを子どもたちに伝えていきたいものです。

♦ 保護者に伝えたいポイント
　ともすれば親までもが他の子どもや教師，親の悪口をわが子の前で平然と垂れ流しているものです。啓蒙の意味もこめて悪口を言う人の惨めさを伝え，是非ご家庭でも協力してもらいたいものです。

自信を手に入れろ

○年△組
学級だより
□月☆日発行

◆子どもたちに「何か自信のあることはありますか？」と尋ねました。「野球」,「バレーボール」,「空手」などのスポーツ系の答えや「ピアノ」,「エレクトーン」,などの文化系の答えが出されました。中には「友達を思いやること」という答えもあり，凄いなあ！と思ってしまいました。

◆「さて，ほとんどの人が何か自信のあることを持っていますが，みなさんにはある共通点があります。それは何かわかりますか？」と聞きました。すると「練習をした」という答えが出されました。そうですね。一人残らず，自信を手に入れるまでには少なからず練習という努力を続ける必要があるのです。きっとその途中には「いやだなあ。しんどいなあ」と思ったこともあるはずです。しかし，そんな困難を乗り越えて初めて「自信」というものを手に入れることができるのですね。

◆この日はもう一つ話をしました。それは「自分に自信のない人が悪口を言う」ということです。誰しも胸を張って自信のあるものを手に入れたい……しかし，それが叶わない時には，周りの人たちに悪口を言い，ダメージを与えることで自分が優位に立つ，という心理的メカニズムです。こうなると言われた人も悪口を言い返すことになり，結果としてその人たちが所属するクラスはダメになっていきます。しかし，自分に打ち克ち，自信をつけていこうとする人の周りには同じように自分を磨いていこうとする人が集まります。そして友達の頑張りを心から喜び，刺激を受け，「自分も負けてなるものか！」と努力し始めます。このことを切磋琢磨といいます。また，先ほども言いましたが，はじめから自信を持った人などいません。痛い，辛い，恥ずかしいなどの困難を乗り越えて自信というものを得るのです。ですから，1日の中でたくさんある自信をつけるチャンス……発言や音読などを積極的に頑張っていきましょう。そのことがどの子も自信にあふれるクラスをつくり，悪口を言う雰囲気を打ち壊していくのです。まずは自分が強くなることが良いクラスをつくることにつながるのです。

36 友達や人との関わり

大切なものごとの存在に気づかせる

😵 こんな時に……

　災害などがあった時は普段の「当たり前」の幸せを感じて感謝するチャンスです。幾度と繰り返していますが，「感謝」のお話は何度でも，繰り返し聞かせるべきことだと考えています。今回はかつて教科書の定番教材であった『一本の鉛筆の向こうに』を紹介しています。今まさに目の前にある鉛筆に思いを寄せてみる。そんな機会を何度も持ちたいと考えています。

♥ 子どもへの指導の意図

　一本の鉛筆の話が終わったら，他の物についてもいろいろ考えてみたいですね。例えば机とか椅子とか消しゴムとか……。私たちがいかに多くの人たちに支えられて生きているのか愕然とするはずです。また人は自分の人生をかけて人の役に立つ仕事をやることで報酬をもらっていることも伝えられたらいいでしょう。

◆ 保護者に伝えたいポイント

　家庭だけでなく，社会に出ればそこには様々な物が溢れ，それらは間違いなく誰かが創り出したりしてくれたものなのですね。普段は意識しないことでも言われてみて初めて気づくこともたくさんあります。「お家での生活ではどんなものがあり，どれだけの人たちに支えられているか考えてきなさい」という宿題もまた素敵ですね。保護者とも一緒に考えていきたい話題です。

誰に支えられている？

○年△組
学級だより
□月☆日発行

- ◆さて，目の前に一本の鉛筆を用意して下さい。そしてよく見つめて下さい。何が見えますか？　そして何を思いますか？
- ◆一本の鉛筆なのですから，「一本の鉛筆」は見えて「当たり前」なのかもしれませんね。でも果たしてそうでしょうか？「一本の鉛筆だけが見える」のが本当に「当たり前」なのでしょうか？
- ◆今から10年ほど前，国語の教材に『一本の鉛筆の向こうに』というものがありました。これは私たちが日々当たり前のように使っている鉛筆がどのようにして私たちの手元に届くかについて書かれた内容でした。まずは黒鉛を掘り出すスリランカの人，木を切り倒す人，トラックで運ぶ人……。たくさんの人たちの苦労の末に鉛筆は私たちの手元に届くという内容です。
- ◆つまり，私たちは「当たり前」のように鉛筆を使っていますが，その裏にある多くの人々の存在には気づいていないということなのです。鉛筆だけではありませんね。ノート，教科書，机，椅子，給食，教室，電気……。身の回りに溢れるものの裏にはいったいどれだけの人々の苦労があるのでしょうね。そのようなことに一度思いを寄せてみたいと思います。
- ◆そもそも，ものが「見える」こと自体，「当たり前」だと思っている私たちですが，実はそうではないですね。「当たり前」という考えは，実は私たちに大切なものを見えないようにしてしまう危険性を持っているかもしれません。
- ◆熊本市内ではまだほとんどの学校で授業ができない状況が続いています。食料の調達も追いつかないそうです。避難所生活が長く続き，体調を崩す人たちもたくさん出てきているようです。一日も早く生活が正常化することを祈るばかりです。私たちは今まさに同じ国内でそのような方々が何万人とおられることを忘れずに毎日を精一杯生きていきましょう。心からそう思います。

友達や人との関わり

37 友達や人との関わり
友達とは何か考えさせる

😖 こんな時に……

　友達関係のトラブルで悩む子がいた時にこの話をしてあげましょう。思春期には，友達との間にいろいろなトラブルが発生するものです。それは人間なら避けては通れない宿命でもあります。大人からすれば，子どもが落ち込んでいる姿は見たくないものですが，このような困難を乗り越えないままに，正常な成長は期待できないでしょう。悩める子どもたちに価値観の転換を図るお話です。

♥ 子どもへの指導の意図

　子どもにとって友達は大きな存在であり，ましてや仲が良いと思っていた友達とのトラブルは子どもにとって非常に大きな問題となります。しかし，実は「仲が良い」と思っている根拠は浅薄であり，長い人生においては一笑に付すべき問題であることが多いです。まずは自分自身，どんな相手を友達だと思っていたのか？　相手にとって自分はどのような存在であったのか？を考える機会にしたいです。

◆ 保護者に伝えたいポイント

　家庭で子どもが友達とのことで悩んでいたら，親としては心配なものです。しかし，ここで親が介入してはならないのです。あくまで子どもたち同士の解決に委ねるのがよいのです。子どもたちはそうやって悩み，ぶつかり合いながら友達との適切な距離感をつかみとっていくのです。どっしりと子どもたちの悩みを受け止めて見守ってあげられる度量を大人は持つべきです。そんな考えも伝えることができるとよいでしょう。

本当の友達

○年△組
学級だより
□月☆日発行

◆ビートたけしさんは今や世界的に有名な日本を代表するアーティストです。水内喜久雄編『続・一編の詩があなたを強く抱きしめる時がある』（PHP研究所）の中で次のような詩が紹介されています。
「自分が困った時だけ，友達には心配して親身になってほしいなどと思ってはいけない。逆に，友達というのは見返りを求めず助けてあげるものだと思うこと。それが友達をつくるポイントだ。」

◆本当の友達とは，自分が苦境に立たされた時にそばにいて助けてくれる人のことだといいます。国語では木村裕一作『風切る翼』を学習しています。その中では，主人公が苦境に立たされて自暴自棄になった時に一羽だけ寄り添ってくれた友達がいました。その友達のおかげで主人公は再び元気を取り戻すというストーリーです。

◆6年1組のみなさんもこれから先，たくさんの友達と出会い，笑い，楽しみ，傷つき，悲しむことでしょう。でも，そうやってだれもが自分にとって本当の友達を探していくのでしょう。

◆長い時間，一緒にいることが「友情の証」と思ってしまうものですが，実はそうではありません。本当の友達というのは，たとえどれだけ遠くに離れていても，どれだけ長い間会わなくても，以前と変わらず信じ合っていられる絆を持つ間柄のことをいうのだと思います。そんな友達を人生の中で一人でも見つけられたら，それはとっても素晴らしいことだと思います。

38 友達や人との関わり

友達の選び方を考えさせる

😣 こんな時に……

　人間誰しもコンプレックスを持って生きているものです。時に落ち込んで悩むこともあります。子どもたちの言動からそのような雰囲気を感じたら是非紹介したい話です。この時期の子どもたちは自分のフィーリングに合った相手のみを友達にするものです。それはそれでよいのですが，表面的な付き合いからさらに一歩深い付き合いに進むには，相手が自分の弱さも受け止めてくれるかどうかが大切な要素となります。これもまた価値観を変えて生きていくということに他なりませんね。

♥ 子どもへの指導の意図

　子どもたちにとって表面的な浅い付き合いはそれなりに楽しいものです。しかしその浅薄さゆえ，簡単に裏切られたり傷つけられたりすることもままあります。そんな時は「友達観」を変えるチャンスです。「自分の表面しか見てくれない友達の言動なんかに一喜一憂していては人生もったいないよ！」と思って前向きに生きていってほしいです。このお話にはその力をこめてみました。

◆ 保護者に伝えたいポイント

　子どもが家庭で自分のコンプレックスに悩んでいる時には，今回のお話のように励ましてほしいです。わが子が今，どのような友達と一緒にいるのかを知るバロメーターにもなります。「容姿にこだわらずに付き合ってくれるなんて，素敵な友達やん。」と親に言ってもらえたら，子どもはきっと勇気づけられることでしょうね。

コンプレックスは乗り越えるためにある

○年△組 学級だより
□月☆日発行

◆人間誰しもコンプレックス（劣等感）というものを持っています。「人より劣っている」と感じるものです。例えば勉強ができないとか，成績がよくないとか，運動が苦手とか，そのようなものです。また，身体的なことも多々あるでしょう。そのようなものが一つもないという人もいるのでしょうけど，それは滅多にないことです。他の人から見るとたいしたことではないかもしれませんが，本人にとっては気になって気になって仕方のないことなのです。時にいやというほど傷つけられたり，落ち込んだりすることもあるものです。

◆子どもたちには「人間にはなぜコンプレックスというものがあるのでしょうか？」と問いかけました。ある子は「それを乗り越えて強くなるためにあるのだ。」と答えてくれました。なかなか前向きな立派な意見だと思います。思い切りほめました。私は一つの見解を示しました。それは神様があなたにとって大切な友達かそうでない友達かを見極めるために与えてくれたものというものです。

◆もし誰かが自分の気にしていることを馬鹿にしたり，あざ笑うのなら，そのような人とは友達になってはいけないということです。逆にどんな欠点が自分にあっても，「私はあなたの欠点なんて全然気にしない。だから普通に楽しく一緒に過ごそうよ」と言ってくれる友達を大切にしなさいということです。

◆この世の中にはいろんな考え方の人がいます。どんなに優れた力を持っていても，この世の中の全ての人がそのことをほめてくれることなんてありえません。必ず何割かの人はそんな人のことをうらやんだり，ねたんだりするものです。逆にどんなに自分に大した取り柄がないと思っていても，そんなあなたと妙に気が合って，一緒にいると楽しい，傷つけられずに安心して過ごせるという人がいるはずです。そんな人を本当の友達として大切にしていくのです。

友達や人との関わり

39 友達や人との関わり
言語コミュニケーションの限界を知る

😖 こんな時に……

　言葉をうまく使えないがためにトラブルが起きることがあります。その傾向は学年が下がるにつれて顕著です。なんとか貧しい語彙の中からまともな言葉を選んだとしても，言葉に付随する他の伝達要素をおろそかにしているために相手に自分の思いが伝わらないこともまたよくあります。高学年ならメラビアンの法則について話しましょう。（ノン・バーバルコミュニケーションに関する書籍などに詳しく書かれていることがありますので目を通すとわかりやすいでしょう。）

♥ 子どもへの指導の意図

　諸説ある法則なので，コミュニケーション全般にわたって万能であると誤解させないように注意した方がいいですが，少なくとも「語調」によって合わせて送られる言語メッセージの受け取られ方は大きく違ってくるということは伝えるべきでしょう。例えば通路にいる友達に対して「そこをどいてほしい」という思いを「ごめんなさい。そこを通してくれる？」と優しく言う場合と「どけ！」と乱暴に言い放つ二つのシチュエーションを比べさせる「実験」を見せることは有効です。「受け止め方にどんな違いがあった？」と聞いてみるとよいでしょう。

◆ 保護者に伝えたいポイント

　「伝えたいことも伝え方によって変わる」ということを伝えましょう。これは保護者と教師との間でも同じことがいえます。学級懇談会などでこの話題を切り出して，家庭や学校でのコミュニケーションの在り方について情報交換できるとよいでしょう。

相手意識を持とう

○年△組
学級だより
□月☆日発行

◆将来社会で生きていくためには，必ず自分以外のだれかと協力していかねばなりません。その時に人間は様々なコミュニケーションをとることが求められます。さて，そのコミュニケーションに関して興味深いデータがあります。心理学者のアルバート・メラビアン博士は，話し手が聞き手に与える影響がどのような要素で形成されるか測定しました。その結果，話し手の印象を決めるのは，「言葉以外の非言語的な要素で93％の印象が決まってしまう」ということがわかりました。

視覚情報（Visual）	－見た目・身だしなみ・しぐさ・表情・視線…55％
聴覚情報（Vocal）	－声の質（高低）・速さ・大きさ・テンポ…38％
言語情報（Verbal）	－話す言葉そのものの意味… 7％

実は，言語的な部分は１割にも満たない，7％しか相手に伝わらないのです。

◆子どもたちの発表やスピーチを聞いていると，言語ばかりを棒読みでダラダラ話すことが多いのに気づきます。これはコミュニケーションがどのように相手に伝わるかを理解しないがために起こる「失敗」です。もしどこかのお店でそのような棒読みの対応を店員がしたらどう思うでしょうか？「いったい学校で何を教わってきたのか？」と思うでしょう。多くのお店では接客時に，このようなコミュニケーションを構成する要素をきっちり分析しマニュアルを作成して社員の研修にあたっています。

◆群読や合唱，英会話などはまさにコミュニケーションの力を伸ばすためのトレーニングだといえます。たまにやるのでは力は伸びません。少しずつでいいから毎日続けていくことです。そして少しでもいいから伸びていくことを意識することです。将来社会に出て役立つような力を身につけていけるように授業も工夫していきたいと思っています。

40 友達や人との関わり
本当の友情について考えさせる

😵 こんな時に……

　いたずらや暴言，暴力などの問題が学級で多発したら，当事者以外の周囲の子どもたちに「傍観者になるな」と訴えかけましょう。平気で悪さを許すような空気をつくってはなりません。クラス全員で問題に立ち向かっていくという雰囲気をつくり出したいものです。

❤ 子どもへの指導の意図

　悪さを教師に伝えた子どもは「チクッた」と周りの子どもたちから攻撃を受けることがあります。「盗人猛々しい」状態を許さないためにも，友達の悪行を看過することの重大さをしっかり認識させます。友達の将来の幸せを願って，今はあえて苦言を呈してくれる人こそ本当の友達です。「悪いことは悪い」と言い合える学級をつくり出していきたいものです。

◆ 保護者に伝えたいポイント

　親もまたわが子にはよい友達ができてほしいと願っているはずです。ただ一緒にいるだけの「つるみ」の関係の友達からいろいろなことを言われたり，されたりして悲しくつらい思いをした時には「あなたのことを不幸にするのは本当の友達ではない。きっとあなたを幸せにしてくれる親友ができるから，心配しないで。」と励ましてあげてほしいものです。

穴があったら叫んで知らせられるか？	○年△組 学級だより □月☆日発行

◆あなたは今ビルの10階にいて，外を眺めています。ビルの前の道路には大きな穴が空いています。そこへあなたの大切な友達が通りかかりました。どうもスマホをいじりながら歩いているようです。友達の行く先には例の穴があります。このまま歩いていくと穴に落ちてしまいます。さあ，あなたならどうしますか？

◆ビルの上から大きなありったけの声で「危ない！」と叫んで友達が穴に落ちるのを防ごうとするでしょう。それが友達というものです。もし何も言わずにいたら，また「そのまま歩いて行けよ！」などと言ったら，確実に友達は穴に落ちて怪我をするでしょう。最悪の場合は命を失うかもしれません。

◆教室で，あなたの友達が誰かの悪口を言ったり，暴力を振るっていたらどうしますか？　だれかをいじめていたらどうしますか？　人を不幸にする行為をしている友達は，たとえるなら先ほどの「穴に向かって歩いていく友達」と同じです。人を傷つけたりすることを恥ずかしいとも思わず，おもしろ半分でやる人間は，将来きっと多くの人から憎まれ，協力が得られず孤立してしまいます。社会では生きていけなくなるでしょう。

◆あなたが本当にその人を「親友」だと思うのなら，「危ない！」と言う勇気と愛情を持ちましょう。だれかをいじめているのなら「やめろよ！　相手だけでなくあなたが不幸になるよ！」「みんなが不幸になるのを見ていられないから絶対やめて！」と勇気を持って言いましょう。友達の悪事を見て見ぬふりをしたり，ましてや一緒になって悪事をするなど，友達だけでなく自分もダメにしてしまいます。そんなものは友達でも何でもありません。単につるんでいるだけです。相手の幸福を願うことこそ，親友に対する愛情であり，思いやりです。

41 友達や人との関わり

自分の言動の責任を感じさせる

😖 こんな時に……

　子どもたちからマイナスの言動がある時にこの話をしましょう。保護されている身である子どもは，自身の行いの責任は保護者に帰結します。ここまで育ててもらった親に対し，恩を仇で返すつもりか？　というメッセージを送るのです。

❤ 子どもへの指導の意図

　小学生は幼さゆえに，実に自分勝手で無責任な言動を繰り返すものです。そこで自分の言動には終始，責任が伴うことを教える必要がありますが，現場ではそれがなかなかできていないのが実情でしょう。非常識な言動には「いったいどこで教えてもらった？」「親の顔が見たい」「お里が知れる」などという言葉があるように，身内が恥をかくことになるのです。その感覚があれば，犯罪も抑止することができるはずです。きっちり教えましょう。（不遇な家庭環境にある子どもたちが非行に走るのはこの感覚が弱いからではないかと考えられます。「自分には心配してくれる人もいない。だから人間として恥ずかしい言動も構わない」という思考になるのかもしれません。）

◆ 保護者に伝えたいポイント

　わが子の責任は親がとる……その覚悟の上で親は子どもを学校に行かせているはずです。となると担任教師の双肩にはその親の覚悟がかかっているという認識が必要になります。少なくとも教師には「学校で何を学んできたのか？」と言われないように目の前の子どもたちに教育を施すことが求められています。その覚悟を保護者には伝え，協力を請いましょう。

誰に教わったのか？

○年△組
学級だより
□月☆日発行

◆これまでクラスで学び，子どもたちはいろいろな力を身につけてきました。しかし私にはまだまだ心配なことがあります。

◆授業中の姿勢が悪い人がいます。挙手の手が曲がっている人がいます。ノートの字が雑な人がいます。宿題を忘れても黙ったままの人がいます。何度も注意されながら直そうとはしない人もいます。このまま次の学年になった時，新しい先生は次のように言うかもしれません。「なんなんだこのザマは。いったいどの先生に教わってきたのか？」私はあなたたちに毎日と言っていいほど授業の受け方について教えてきました。さて，あなたたちは「土作先生が教えてくれた。」と答えるのですか？

◆給食の準備の時のことです。一生懸命人の分まで準備する人もいる一方で自分の分だけ準備してあとは勝手気ままに過ごしている人がいます。中には自分の分も人にやってもらいながら，何もせずに当たり前の顔をして給食を食べている人もいます。また……食べ方です。膝を椅子に乗せて横を向いて食べている人。終始おしゃべりをしている人。極めつけはお茶碗にご飯をいっぱいつけたまま残す人。このような食べ方を見られた時，きっと見た人はこう言うかもしれません。「親に何を教わってきたのか？」あなたたちは「両親に教えてもらいました。」と答えるのですか？

◆みなさんが大人になるまでは，あなたたちの言動はあなたたちだけの責任では終わらないのです。あなたたちをここまで支えてくださった方々の責任までもが問われるのです。自分をここまで成長させてくださった方々への感謝の気持ちがあるのなら，誰に見られても「立派だなあ。すごいなあ。誰に教わったの？」と言われる言動を心がけなさい。それがその人たちへの恩返しです。

友達や人との関わり

42 友達や人との関わり
感謝の心を教える

😵 こんな時に……

　クラスで子どもたちの誕生日をお祝いする学級はたくさんあるでしょう。そんな時に「誕生日」とはどういう日かを考えさせたいものです。このお話の後，子どもたちは「誕生日」への自分の考えを変えてくれることでしょう。これもまた感謝の心を教えるための授業となり得ます。

♥ 子どもへの指導の意図

　子どもたちは誕生日と言えば「プレゼントなどを買ってお祝いしてくれる日」などと思っています。しかしこの新聞記事の女の子は「ここまで自分を支えてくれた人に感謝する日」だというまったく逆の考えを提案しています。わずか10歳の少女の考えに多くの子どもたちは「そうか！」と感じてくれるはずです。次の自分の誕生日には何ができるか考えさせてみるのもまた良い授業となることでしょう。

◆ 保護者に伝えたいポイント

　親は誕生日くらい何か特別に良い思いをさせてあげたいと考えているものです。本当にありがたいものですね。その一方で子どもたちが「産んでくれてありがとう」とお礼を言ってくれたとしたら，親御さんもどれほど喜んでくれることでしょう。

誕生日とはどのような日か

○年△組
学級だより
□月☆日発行

◆「誕生日ってどんな日？」と子どもたちに聞きました。ほとんどの子が「嬉しい日」だと答えました。理由として「プレゼントを買ってもらえるから。」、「みんながお祝いしてくれるから。」などの意見が出されました。しかし，何人かの子が「親に産んでもらった日」，「お母さんが苦労して産んでくれた日」などと答えました。う～ん，なかなか深い！　ここで次のような新聞記事を読んで聞かせました。同じ小学校4年生の子の投書です。その子は次のように書いています。

「自分の弟が生まれたときに，自分もたくさんの人に支えられて大きく成長したのだなと思った。先日10歳になった私の目標は人のために役立つことをすることです。思いやりを頑張りたい。誕生日は今まで何かしてもらう日だと思っていたが，そうではなく，今まで支えてくれた人に恩返しする日だということに気づいた」

◆今この世に生きているのは，お母さんが命を懸けて産んでくれたからでありそしてたくさんの人の愛情と支えがあってこそなのです。小学校4年生でももうそんな考えができるんですね。この投書から子どもたちは何かを学んでくれると信じています。まずは毎日を精一杯生きることですね。私もまた感謝しながら生きていこうと思っています。

【参考】『読売新聞』2009年2月3日投書欄

友達や人との関わり

43 クラス集団や社会への参加
利己から利他へ導く

😖 こんな時に……

教室の後ろにあるロッカーや体育の時間にボールを取りに行ったりする時，放っておくと子どもたちは自分のものだけを取りに行こうとする醜態をさらすはずです。利己主義の露呈です。このような時こそ，自分のことだけでなく人のことを考える大切さを伝えるチャンスです。

♥ 子どもへの指導の意図

子どもたちは基本的に自己中心的であり，人のことなど考える余裕はないものです。その姿はまさしく醜態であり，格好悪いということを伝えましょう。そして自分のことは後回しにして，他の人を優先できる姿こそカッコいいのだという美意識を伝えたいものです。学期初めに何度もあり得る「物を取りに行く」機会を逃さずに指導していきましょう。

◆ 保護者に伝えたいポイント

わが子が何不自由なく楽しく学級で過ごせていればもちろん，保護者は嬉しいでしょう。でもわが子が自分のことは後回しにして他の人のことを優先している姿を知ったら，もっと嬉しく感じてくれるはずです。他のために尽くす＝大人の行動レベルであり，そこに成長を感じることができるからです。「格好いいわが子の姿」を伝えていきましょう。

どうすれば早くできる？

○年△組
学級だより
□月☆日発行

◆13日は1時間目から図工でした。後ろのロッカーに絵の具道具があるので，それを取りに行ってもらおうと思ったのですが，ここで一つ子どもたちに問いました。「もし32人が一斉にロッカーへ押し寄せたらどうなりますか？」すると「混雑してしまう。」「ぶつかって怪我をしてしまうかもしれない。」などの答えが出ました。「そうですね。多分とても時間がかかってしまうことになるでしょうね。では，どのようにすればよいと思いますか？」とさらに聞きました。

◆「順番に並ぶ。」という意見が出されました。「そうですね。ちゃんと並んで我慢して自分の番を待つ。それもとっても大切なことです。他にありますか？」と聞くと一人の子が「他の友達の分を取ってあげる。」と答えてくれました。「そうですね。私たちが給食の時間に他の友達の分を先に準備してあげるのと同じようにすると，混雑せずに早く全員に行き渡るかもしれませんね。ではやってみましょう。」と言って取りに行ってもらいました。はたして，混雑もせずおよそ1分程度で全員が絵の具道具を手にすることができました。

◆自分のこと優先から，人のこと優先へ。利己から利他へ。それが子どもから大人へ成長することであり，学校という所は，子どもなりにそのようなことを体感することができる場であるのだと思っています。子どもたちのさらなる成長が楽しみです。

クラス集団や社会への参加

クラス集団や社会への参加

手抜きせず校歌を歌える学級をつくる

😖 こんな時に……

新しい学年が始まり，儀式的行事などで校歌を歌う機会が多くあるはずです。このような時に全力で校歌を歌えるように指導しておきたいものです。全力で校歌を歌う姿は何と言っても格好いいですし，傍観者を生みにくい風土を作ることに役立ちます。

♥ 子どもへの指導の意図

年間を通じて校歌を歌う機会は何十回とあるはずです。このような時に全力で校歌を歌える学級にはいじめの芽は出にくいはずです。なぜなら傍観者がいないからです。いじめは傍観者の存在が大きな要因ともいわれます。日頃から傍観者を生まないためにも子どもたちには校歌は全力で歌えるようにしておきたいものです。

◆ 保護者に伝えたいポイント

保護者は子どもたちというのはそこそこ校歌を歌うものだが，全力では歌わないものだと思っています。しかし，些細なことに全力を尽くす姿を知って，多くの保護者は担任に，学校に好印象を持ってくれるはずです。「校歌をこれだけ歌える子どもたちを育てているのだ」と思っていただけます。

校歌で「勝負」！

○年△組
学級だより
□月☆日発行

◆5月1日は全校朝の会がありました。実は先週末，子どもたちに「挑戦状」を示していました。それは「全校朝の会で校歌を大きな声で歌う勝負」です。私一人と子どもたち32人の勝負です。1日の朝，「覚えてる？私は負けないよ！」そう言って体育館に入りました。

◆校歌を歌う時がきました。子どもたちは出だしから大きな声で歌っていました。もちろん私も第一声から大きな声で歌います。1か月前とは比較にならないほどの大きな声でした。ほとんどの子どもが手抜きをせずに歌った結果です。「これが元気がいいってことか！」と実感できるような大きな歌声を出せました。今日は連休の谷間でしたが，クラスのみんなは大きな収穫を得たことでしょう。

◆人の集まりを群衆といいます。群衆はただ人々が何の関係性もなく集まっただけです。この群衆にいると，人は手抜きをすることが確認されています。「自分一人がやらなくても誰かがするだろう。だから自分はやらないでおこう。」といったことです。典型的なのが投票率です。最近の衆議院議員選挙でも50％程度といったところです。半分の有権者は「自分一人が投票しなくても政治は大きくかわりはしないだろう。」と思っているのです。このことが良いか悪いかは別として，このようなことが普通に起こるのが群衆です。このような群衆特有の心の状態を「群衆心理」ということがあります。

◆しかし学級という人の集まりは単なる群衆ではありません。「よいクラスをつくろう！」という目的を持った集団です。その集団の中にこのような手抜きの心理があってはなりません。もしあったとしたら「自分がやらなくてもだれかがするだろう」という雰囲気が支配することになります。みんなの幸せを目標とするクラスなら，ここ一番の時には手抜きをせずに取り組んでいく姿勢が必要になります。もちろん思い切り遊んだり休んだりすることも大切です。要は切り替えと集中力なのかもしれません。

45 クラス集団や社会への参加
誰に支えられているか気づかせる

😵 こんな時に……

校外学習(遠足)に行く時などに,「誰のおかげで校外学習へ行けるのか?」に気づかせましょう。子どもたちはバスに乗り,きれいな展示場で学習し,時にはお土産をもらって,おやつを食べて帰ってくればその日の学習は終わりだと考えています。このような時にこそ,「たくさんの人の支えがあっての校外学習なのだ」ということをきちんと教えたいものです。

♥ 子どもへの指導の意図

自分を支えてくださっている人たちの存在は見えません。よって教師側から提示しない限り,子どもたちにその存在は見えません。学習内容を確認して振り返らせることももちろん大切でしょう。しかし,いま自分を支えてくださっている人々の存在に気づかせることもまた大切な学習なのです。

◆ 保護者に伝えたいポイント

お家の人も校外学習の日には,お弁当をはじめ多くの準備をしてくださっています。このことも含め,「感謝」の心を指導するのが学校内外でも大切であることを伝えましょう。お家で「今の自分があるのはだれのおかげか?」について話題が弾むと素敵ですね。

校外学習で感謝の気持ちを学ぶ

○年△組 学級だより
□月☆日発行

- ◆5月19日は大阪市立科学館への校外学習でした。プラネタリウムや科学に関する様々な展示物，実験などで楽しむのももちろん大切な目的なのですが，別の所にも大きな学習の目的があります。その一つは集団行動です。
- ◆事前の説明会で私は「8時10分の集合時間に私は笛を吹いたりしません。みなさんが時計を見て集合整列することができるか『勝負』しましょう。」と伝えておきました。つまり集団行動で最も大切な事柄の一つ「時間を守る」力を発揮できるか試す場を設定したのです。この時点で私は当日8時10分時点で行う二つの指導を考えていました。一つはしっかり集合，整列できていた場合の指導，もう一つはできていなかった場合の指導です。
- ◆さて，当日8時過ぎに朝礼台前に行くと子どもたちはまだ集合も整列もしていませんでした。私は観覧席の上の方で子どもたちをじっと見ているだけでした。集合時間が刻々と近づいてきます。さて，そろそろ時間だと思い，1組の前に立つと子どもたちはなにやら相談しながら並んでいました。1組は2班に分かれて乗車することだけは伝えておいたのですが，どうやらバス毎に並び替えていたようです。これは私の予想を超えていました。子どもたちは私に指示されることなく，二つの班に分かれていたのです。これはこの1か月の中でかなり大きい成長の表れだと思いました。
- ◆帰ってきて4年生全員に聞きました。「今日は何を学んだのか？」と。多くの子どもたちは「科学の知識」と答えてくれましたが，何人かは「友達との協力」とか「心配り」だと答えてくれました。最後には「バスの運転手さんへ感謝すること」，「科学館のスタッフの方々」などの意見も出ました。そうです。私たちは多くの人に支えられて楽しい時間を過ごせるのだということを学ぶことができたのです。「お弁当は誰がつくったの？ 帰ったらちゃんとお礼を言いましょう。恥ずかしかったら，今日学んだことや楽しかったことをお家の人に教えてあげましょう。」そう締めくくりました。

46 クラス集団や社会への参加

先人の偉業を伝える

😖 こんな時に……

　世界の国々について，また戦争の歴史について学習する際に是非，日本の先人たちが残した偉業について教えたいものです。戦時中の日本軍の行った行為については既に活発な議論がなされていますが，少なくない人々が今も日本人に感謝している事実はきっちり伝えるべきでしょう。

♥ 子どもへの指導の意図

　豊かな時代になったものの，現代の子どもたちの心身は確実に衰弱しているのではないでしょうか？　そんな子どもたちに，自分たちの先人たちは忍耐強く苦境の中でも多くの偉業を成し遂げてきたことを伝えましょう。翻って自分たちのひ弱さはどうか？　そんなお話もまた意味のあることではないでしょうか？

◆ 保護者に伝えたいポイント

　「君たちのひいおじいちゃん，ひいおばあちゃんたちは苦しい時代の中でも日本人としての誇りを捨てずに頑張った」という事実を伝えることは，お家でご先祖様に真摯に手を合わせようとする態度につながるかもしれません。「ご先祖様に恥ずかしくない人生を送ろう」保護者もきっと賛同してくれることでしょう。

ウズベキスタンの親日はなぜ？

○年△組 学級だより
□月☆日発行

- ◆子どもたちにウズベキスタンの国旗を見せてどこの国のものか聞いてもだれも知りませんでした。ウズベキスタンという国についても全員，何も知りませんでした。そこで「でもね，ウズベキスタンの人たちは日本人のことが大好きなんですよ。」と伝え，テレビ番組の録画「ウズベキスタン・ナヴォイ劇場」（「奇跡体験！アンビリバボー」フジテレビ系）を見ました。
- ◆第２次大戦後，敗戦した日本の兵隊さんの多くが強制労働所に抑留されました。ウズベキスタンにも数千人もの日本の兵隊さんが連れて行かれました。そこで満足な食事もない中，厳しい重労働を課されたのです。多くの方々が栄養失調や事故で亡くなったそうです。
- ◆ウズベキスタンの日本兵には「劇場を作れ」との命令が出されました。厳しい状況の中である指揮官は言ったそうです。「われわれは戦争でたくさんの町を破壊してきた。今度はわれわれの手で立派な劇場をつくろう。日本人としての誇りを持って仕事しよう。」と。そうして数年の後，ついにナヴォイ劇場が完成したのです。この劇場は1966年にウズベキスタンを襲った大地震でも他の建造物が倒壊する中，びくともせずに無事であったそうです。どれだけ日本の人たちが一生懸命劇場をつくったのか，（当時ソ連の）ウズベキスタンの人たちは驚き，尊敬の念を強めたそうです。そうして今もウズベキスタンの親は子どもに「あなたも日本人のようになりなさい。」と諭すのだそうです。
- ◆ウズベキスタンには数年前，安部首相も訪れ，ナヴォイ劇場にある日本人の顕彰碑の前で献花しているニュース映像を見たことがあります。日本に帰ることができずウズベキスタンの日本人墓地に眠る人たちのために，墓地には桜が植樹されたそうです。戦争は悲しい事実です。しかし，あの絶望的な状況の中でも，あきらめずに素晴らしい仕事をしてくれた先達がいたことを，私たちは心にとどめておきたいと思います。

クラス集団や社会への参加

47 クラス集団や社会への参加
家族愛を感じさせる

😖 こんな時に……

　親のありがたみというのは，そう簡単には理解できないものです。親の愛情はあまりに大きすぎて，日々の生活の中で感じることはなかなか難しいものです。そんな時にこのお話をします。山崎敏子著『がんばれば，幸せになれるよ―小児がんと闘った9歳の息子が遺した言葉』（小学館）に詳しいですが，授業ではテレビで放映された番組を紹介しました。難病で余命幾ばくもないわずか8歳の子どもが死ぬ間際まで自分の母親を気遣う様は涙なくしては見ることができません。このような愛情を子どもがどうして持つことができたのか？　子どもたちと一度ゆっくり語り合いたい話題です。

♥ 子どもへの指導の意図

　普段気にすることもない親への愛情について考えさせたいものです。もちろんこの映像や話を紹介したからといって子どもたちが劇的に変わることはないでしょう。しかし，この小学生の生き様からきっと自分の命や親の存在について考えるきっかけにはなるはずです。

◆ 保護者に伝えたいポイント

　改めて命や親子の絆について考えてほしいものです。保護者懇談会などで紹介するのもよいかもしれません。しかし，一番大切なことは朝元気に登校し，友達と仲良く勉強して遊んで帰ってくることなのです。たまにはそのような「当たり前の日常」のありがたみについて考えてみてもよいでしょう。

言葉の持つ力

○年△組
学級だより
□月☆日発行

◆国語では様々な学習活動に取り組んでいます。さて，それらの活動は一体何のために行うのでしょうか？ 読む力，話す力，書く力など様々な学力を身につけるためという答えには何ら疑問はないでしょう。しかし，一番大切なことはそれらの力が何のために発揮されるか？ ということなのです。

◆22日は以前にテレビで放映された「がんばれば，幸せになれるよ」(「ザ・ベストハウス123」，フジテレビ系)の録画を見ました。

◆このタイトルの言葉は小児がんで，わずか8歳で亡くなった小学生が死ぬ間際に母親に遺した言葉なのです。小児がんが全身に転移し，その痛みと死の恐怖に耐えながら，その子は次のような言葉を，張り裂けるばかりの悲しみの中看病してくれる母親に伝えたそうです。

「この痛みは僕だから耐えられるんだ。お母さんじゃ無理だよ。」「あのまま苦しんで死んだらお母さんはおかしくなっちゃうでしょ？ だから僕頑張ったんだ。」「またお父さんとお母さんのところに生まれてくるよ。」「お母さん。もし僕が死んでも暗くなっちゃだめだよ。明るく生きなきゃだめだよ。」「どんな悲しいことがあっても頑張れば幸せになれるよ。」

◆わずか8歳の男の子が発した言葉だとは思えません。自分の命の限界を悟った人がなぜここまで人を気遣えるのか？ 優しくなれるのか？ 言葉で人を慰められるのか？

◆成長してきた子どもたちですが，普段の会話を聞いていると「死ね」「うざい」「だまれ」など相手にダメージを与え，傷つける言葉を平気で使う子がいます。自分の怒りやストレスの原因を繊細に伝えることができればそのような表現にはならないのに，言葉を知らないがためにそのような暴言で自分の感情を伝えようとしてしまうのでしょうね。国語で学習する力は人を不幸にするために身につけるのではない。人を幸せにするために学ぶのだ。このことを子どもたちには繰り返し伝えていきたいと思っています。

クラス集団や社会への参加

下ネタは公的な場では御法度と教える

😖 こんな時に……

　思春期になればどんな子どもも性的な表現に興味を示すようになります。それは健康に成長している証拠でもあります。しかし，最近氾濫する性的な情報の影響を受けている子どもたちは，平気で教室など公共の場でもいわゆる下ネタを口にして喜んでいることがよくあります。これは，はしたないことであり，慎むべきであることをしっかり教えましょう。

❤ 子どもへの指導の意図

　子どもたちのみならず大人も持っている「欲望」を「理性」で抑制していく必要があることを伝えます。平気で下ネタを垂れ流す人というのは，知らぬ間に多くの人を不愉快な気持ちにさせているのです。ハラスメントの問題が深刻化している昨今ですが，ともすれば我々もそのような嫌がらせを他の人にしてしまう危険性について知っておいてほしいものです。

♦ 保護者に伝えたいポイント

　毎日のようにテレビやインターネットなどから垂れ流される性情報から，未熟な子どもたちを家庭でブロックするなどの協力を保護者にもお願いしなければなりません。多くの学校ではネット被害についての授業を行ってきていますが，学級通信や学級懇談会でも「心に着る衣服」の大切さを紹介していきたいものです。

心に着る衣服

○年△組
学級だより
□月☆日発行

◆ 小学生，特に4年生の頃から子どもたちは性的表現に興味を持ち始めます。テレビやインターネットには数多くの性に関する情報が溢れています。子どもたちは日々そのような情報にさらされています。面白半分でそのような性的表現を口にする子がいてもおかしくはないのです。しかし，そのような言葉が聞こえたら私は次のように話します。

◆「あなたたちは今，衣服を身につけていますね。大切な身体を守るために衣服はとても大切なものです。衣服も身につけずに外を出歩いたらどうなりますか？　大変ですよね。『えっ？　何考えているの？』と思われるだけでなく，立派な犯罪者として警察に捕まることでしょう。同じように私たちは心にも衣服を着ています。人間はいつも『自分だけ〜したい』という気持ち＝欲望を持っています。でもいつも好きなだけその欲望を表に出したら人間同士がぶつかり合ったり傷つけ合ったりして大変なことになります。そこで人間は好きなだけ〜したいという心に衣服を着ることでその気持ちを抑えています。それを理性といいます。人が他の人と生きていくためには心の衣服＝理性を持ち続けることがとても大切になります。」

◆「この世の中には情報が溢れていて，その中には人の身体に関わるものもたくさんあります。そして時に面白半分でそのようなことを口にする人がいます。いわゆる下ネタというものですが，実はこれをたくさんの人の前で口にするというのは心に身につけている衣服を脱ぐのと同じ行為です。学校で服を脱ぎ捨てて走りまわる人がいたらどう思いますか？　多くの人はそのようなことを気持ちよく思いませんね。このことを最近はハラスメント＝いやがらせと言ったりします。大人がやったら一瞬で信用を失い社会で生きていくことができなくなります。身体に関わることのほとんどは人間として大切なことです。それらを面白半分に口にして人の笑いを誘うようなことは，人として恥ずかしい行為なのです。人前では心にいつも衣服を着るようにしていきましょう。」

49 クラス集団や社会への参加

下級生への心構えを持たせる

😊 こんな時に……

　学年度末などには次の学年への自覚を持たせたいものです。そこで上級生として下級生にお手本を見せることができた事実などを伝えるとよいでしょう。音楽でもよいですし，体育でもよいでしょう。幼稚園や保育所の体験入学の案内係などもよいチャンスです。立派な姿を記録しておき，それを大いにほめます。これもまた子どもたちにとっては大きなモチベーションとなりえます。

♥ 子どもへの指導の意図

　このお話を通じて，子どもたちの成長を素直に喜ぶこともももちろん大切です。しかし，もし余裕があったら「逆に下級生から自分たちがもらったものは何か？」と聞いてみるのもよいでしょう。「優しく気遣う工夫を考えた。」「どうやったら相手に自分たちの思いが伝わるか考えて試してみた。」などの意見が出されることでしょう。つまり下級生のおかげで自分たちは成長できたということになります。「与えたのではない。与えられたのだ。」という事実も一緒に伝えたいお話です。

♦ 保護者に伝えたいポイント

　保護者は自分の子どもが何かしてもらったりできるようになった時に例外なく喜んでくれます。しかし，何といってもわが子が誰かの役に立てるようになったということほど嬉しいことはないはずです。このお話のように下級生の手本になったという事実で「うちの子も成長したな」と思ってもらえるといいですね。

１年生から学ぶこと

○年△組
学級だより
□月☆日発行

◆18日の２時間目に１年４組と「合同音楽」の時間を持ちました。１年生の先生から「実は校内学習発表会で、４年生の歌を聴いてから、１年生の子どもたちが歌いたい！　って言って、あれから毎日歌っているんです。」というお話をうかがったのです。「では一度一緒に歌を歌いませんか？」と提案し「是非！」となった次第です。

◆当日、１年生を音楽室に迎えました。１年生にとってははじめての音楽室です。もの珍しそうにきょろきょろ室内を見渡す様子が可愛らしい！　そんな中、まずは１年生が「Wish 夢を信じて」（作詞・作曲：杉本竜一）を歌ってくれました。何と二部合唱で高音も出ています！　まっすぐに見据えてきれいな声で一生懸命歌う１年生の姿にしばし見とれていました。

◆次に４年生です。１年生と同じ「Wish 夢を信じて」（前出）のほかに「翼をください」（作詞：山上路夫，作曲・編曲：村井邦彦），「校歌」を頭声できれいに歌いあげてくれました。最後は１年生と一緒に「Wish 夢を信じて」を歌いました。声量が増してとっても美しい声でした。

◆終わって４年生の子どもたちに「１年生から学んだことはありますか？」と聞くと多くの子が手を挙げてくれました。「姿勢が良かった。」「美しい声だった。練習したんだなって伝わってきました。」「緊張していた子もいたけど、みんな素敵な笑顔でした。」それはまた自分たちの振り返りそのものでもあったのでしょう。１年生に何かをしてあげたのではない。逆に多くのことを学ばせてもらったのだと。これから先も、出会う人全てから何か大切なものを学び取り、そして感謝する姿勢を身につけていってほしいものです。

◆子どもたちは２学期間、実にいろいろなことにチャレンジし、いろんな出会いからたくさんのことを学び取ってくれたはずです。いよいよ来年は高学年へ向けて一層飛躍する３学期が始まります。持てる力を100％発揮して進んでいきましょうね！　どうぞ、良いお年をお迎え下さい！

50 クラス集団や社会への参加

命を守る人の苦労を知らせる

😖 こんな時に……

　災害などがあった時，真っ先に現場にかけつけて人命を救うべく活躍するのが自衛隊のみなさんです。最近ではその活躍の様子がテレビなどで報じられていますが，どのような気持ちで自衛隊のみなさんが救助活動を行っているかの詳細はなかなか伝わってきません。現場で命の危険にさらされながら，それでも住民の方々に配慮して頑張ってくださっているのです。その姿を子どもたちに伝えるのは教師としての使命だと思います。

♥ 子どもへの指導の意図

　救助活動の大変さは，ボランティアにも行ったことのない子どもたちにはわかりようもありません。テレビなどの映像を見せただけで「大変でしょ？」などというのはあまりに軽率なことだと思います。人命救助しつつも，人のことを気遣えるその優しさと強さを是非伝えたいものです。

◆ 保護者に伝えたいポイント

　保護者でもこのようなお話は知らないでしょう。是非知ってもらい，そのような方々に日々支えられていることを家庭でも伝えてほしいです。人は優しくなるほど強くなれる……この事実を大人が伝えずしてだれが伝えるというのでしょうか。そんな気概を持って通信を出したいと思います。

被災地の自衛隊員の姿

○年△組
学級だより
□月☆日発行

◆熊本では今も避難所生活が続いています。私たちは今ある環境を当たり前だと思わずに一生懸命に生きていくことが大切ですね。それが今の私たちにできる最大のボランティアではないでしょうか。

◆被災地では自衛隊のみなさんが食事をするところは，決して見ることができないそうです。子どもがお菓子を差し入れしようとしても「お心だけで嬉しいです。」と言って受け取らなかったそうです。

◆いくら屈強な自衛隊員とはいえ，過酷な支援活動を食事なしに行うことは不可能です。ではいったいいつどこで食事をとっておられるのでしょうか？

◆避難している方々の食事が終わった後，トラックの荷台でひっそり隠れて冷たい缶詰の食事をとるのだそうです。時にはレトルトパックのカレーを冷たいまま直接口に流し込むこともあるそうです。特設のお風呂にも滅多に入ることはないそうです。全て避難されている方々優先だそうです。

◆自衛隊の方々だけではありません。消防や警察の方々も同じように懸命に活動を続けておられます。人の命を最前線で救う仕事に就くためには生半可な体力や知識では務まらないのです。人の役に立つためにはまずは自分自身が逞しくなければならないのです。これは我々にも言えることです。誰かを幸せにしたいと願うのなら，まずは自分が艱難辛苦に耐える力を身につけることです。「面倒くさいなあ」とか「いやだなあ」と思うことに自らチャレンジすることから始めていきたいものですね。

【参考文献】小林よしのり著『ゴーマニズム宣言SPECIAL　国防論』上・下巻，小学館

51 クラス集団や社会への参加
喜びとは何かについて考えさせる

😖 こんな時に……

　子どもたちの中に自分勝手さが目立つ時などに是非紹介したいお話です。これもテレビのドキュメンタリー映像を使った授業です。自分勝手な言動が目立つのは，多くの子どもたちが自分だけが何か施されることだけが幸せだと感じているからです。してもらえるのももちろん，幸せかもしれません。しかし，誰かの役に立つこともまた幸せなのだ，という価値観があることを伝えたいものです。

❤ 子どもへの指導の意図

　小学校2年生の子どもが余命幾ばくもない中でやり遂げたこと。それは他の人の幸せを最優先に考えた人形劇でした。そしてそれを仲間が全員でサポートして最後までやり遂げます。素晴らしい学級の存在を知って子どもたちは何を考えるのでしょうか？　自分たちのクラスと比べてみて話し合ってみたい話題です。

♦ 保護者に伝えたいポイント

　これも度々伝えていますが，わが子には自分のことだけでなく，人の役に立てる人間になってほしいというのが多くの保護者の願いではないでしょうか。年に何回かある授業参観で一度取り上げてみたい話です。困っている仲間，頑張っている仲間の存在を知り，みんなで力を寄せ合って生きていく……そんなクラスを目指そうという話し合いができるとよいでしょう。保護者も「このクラスなら安心して我が子を通わせることができる」と思ってくれるのではないでしょうか。

人の役に立つことが喜び

○年△組
学級だより
□月☆日発行

◆今日の道徳の授業で，ある男の子の実話をテレビの録画映像（「奇跡体験！アンビリバボー」フジテレビ系）で見ました。生まれつき心臓に疾患がありながら，逞しく生き抜いた子どものお話です。たかし君は一度小学２年生の頃に脳内出血を起こして半身不随となります。しかし，友達の励ましの言葉などで奇跡的に回復します。登校できるようになったたかし君は「誰かの役に立ちたい」と願い，クラスの友達と協力して，人形劇を一生懸命に練習。近くの福祉施設へ訪問して人形劇の上演に大成功します。それだけではなく，さらに手づくりの折り紙を施設の人たちにプレゼントするなど，人に喜んでもらえることを一生懸命に実行しました。彼はこう言います。「自分がこうして生き抜いていることがだれかを幸せにしていることに気づいた。だから生き抜きたい。」と。これが小学校４年生の男の子の言葉なのです。

◆残念ながらたかし君は小学校卒業の４か月前に亡くなります。でも友達は，たかし君の最後まで生き抜いた姿に大きな力を授かり，立派な大人になっていきます。友達の一人が言います。「たかし君は今でも心の中に生きているんです。」と。

◆アンパンマンの作者・やなせたかしさんは次のようにいいます。
「人間が一番うれしいことはなんだろう？　長い間，ぼくは考えてきた。そして結局，人が一番うれしいのは，人をよろこばせることだということがわかりました。実に単純なことです。ひとはひとをよろこばせることが一番うれしい。」　（やなせたかし著『もうひとつのアンパンマン物語』ＰＨＰ研究所）

◆私たちは勉強したり身体を鍛えたりして賢く，逞しく成長していきます。つまり強くなっていきます。でもその身につけた力は自分以外の人を幸せにするために使うということなのでしょうね。だからまずは自分自身が強くなければならない。私たちが勉強したりして力をつけていく意義を教えられた気がします。

クラス集団や社会への参加

気づいたら動くことの大切さを教える

😵 こんな時に……

　クラスが成長してくると人のために動こうとする子どもが出てきます。教師はそんな子の存在に気づいたら、通信などでフィードバックするとよいでしょう。子どもたちのモチベーションが上がります。言われたことだけをして良しとするだけでなく、他にやるべき仕事にさっと気づいて引き受けるくらいの気づき力を身につけてほしいものです。

♥ 子どもへの指導の意図

　挨拶を人より先にするのがよいというのは、いろいろなことに気づく力が身につくからです。そして例外なく人のために動ける人というのは気づき力に優れています。目配り気配り思いやりの力ともいえるでしょう。今、自分が何をすべきかよく考え、素早く行動できる力をいろいろな学習活動を通じて身につけていってほしいものです。

◆ 保護者に伝えたいポイント

　家事は子どもの仕事です。はたして子どもたちは進んで家事を手伝っているでしょうか？　気づき力は家庭内でも身につけるチャンスがたくさんある力のはずです。家にいる時から、さっと気づいて行動できる子どもを育てていただきたいものです。そんなことを保護者に伝えていくとよいでしょう。

チームの中で自分を磨く	○年△組 学級だより □月☆日発行

◆最近，次の授業のノートを自発的に配ってくれる子どもが増えてきました。「配り係」という仕事はないのですが，気づいた子がまず動き，その動きを見た子がまたすぐに動くという感じになってきました。とてもよいことです。仕事というのは，組織が動き始める時にはきっちり仕事の分担を決めておくとスムースに毎日の生活が回るのですが，日が経てば「目配りして気づいた人から動く」ようになっていくはずです。これはその組織が成長を遂げつつあることを示しています。

◆私はラグビーをやっていました。15人でやるスポーツですが，当然，自分のマーク（トイメンといいます）を決めて責任を持ってそのマークの突進をタックルで止めなければなりません。スピードをつけて思い切りぶち当たってくるので，それはものすごい衝撃が肩にかかります。ましてや相手が100kgを超えるような場合，下手をすると吹っ飛び，脳震盪を起こすこともあります。そうしてマークを止め切れなかったらどうなるか？　他の仲間が止めにかかります。それも外れたらその次，またその次……といった感じです。つまり自分のマークは止めなければならないのですが，当然止められないこともある。そんな時に代わりにフォローして止めてくれるのが仲間なのです。自分のマークさえ止めたらよいというのではラグビーの試合にはなりません。仲間のミスを想定しておき，必要なら，すぐにフォローし合う。そして，「ごめんな。ありがとう！」「かまへん，かまへん。また止めたるからな。心配すんな！」と言い合えるのがチームワークなのです。

◆今度の1年生を迎える会も，日々のノート配りも，些細なことですが，自分を磨いて他の人を思いやる貴重なチャンスだと思っています。一日のうちにたくさんあるチャンスを大切にして，自分を磨いていきましょうね。私もまた自分を磨いていくつもりです。ともに頑張りましょう！

53　クラス集団や社会への参加

クラス目標達成を伝える

😖 こんな時に……

　クラスで掲げた目標を達成したり，または一歩達成に向けて前進したりした時は，その成長した姿を逐一伝えていきましょう。それは子どもたちにとって大きな意味を持つフィードバックとなるからです。どんなクラスでも目標を設定することはあると思います。しかし，その目標達成度，あるいは進捗状況を可視化することは案外軽視されているものです。結果としてフィードバックを受けない子どもたちは「やってもやらなくても同じならやめよう」という選択肢を選びます。心したいことです。

♥ 子どもへの指導の意図

　子どもたちは怠け・手抜きの天才です。いや，大人もまたそうでしょう。いくら頑張ったところで何の結果も提示されず，賞賛も叱責もない……ことは趣味でもない限り頑張ってやろうとは思わないはずです。賞賛するのは偶然かと思えるようなことでもよいので，プラス方向に成長した事実です。教師が絶えずそのような目で見ていることを知った子どもたちは一生懸命頑張ってくれるはずです。教師の意図する方向へ子どもたちを導くために，教師は責任を持って子どもたちに指導を行わなければならないのです。

◆ 保護者に伝えたいポイント

　何度も書きますが，保護者が知りたいのは子どもたちのプラスの成長です。個人的な成長は懇談会で伝えられますが，クラス全体の成長はなかなか伝える機会がありません。些細なことでもよいのでプラス面の成長はどんどん伝えていきましょう。逆にマイナス面を伝える時は慎重になるべきです。特にマイナス行動をとった子が特定されるような記述は絶対にＮＧです。

日本一の片づけ！

○年△組
学級だより

□月☆日発行

◆「日本一の給食準備と片づけをしよう」という目標を掲げて2か月間みんなで頑張ってきました。そしてついに，6月23日に片づけで新記録が出ました。32秒です。これはなかなかの速さです。私がかつて担任した学級の中でもトップです。素晴らしいことです。

◆なぜ速さにこだわるのか？　それは準備，片づけの速さには「クラスの協力する力」が表れるからです。自分のことだけでなく，他の人のことまであれこれ考えないと到底1分を切ることはできません。つまり，この新記録は，クラスのみんなが他の友達のことを考えたからこそ達成できたと考えているのです。

◆実はここ数日間，記録は46秒が続きました。つまりどんなに頑張って片づけても，これが限界であるとみんなが思い始めていました。しかし，子どもたちは23日にある工夫をしていました。まずは濡れ雑巾をあらかじめ所定の場所に用意していたことです。乾いた雑巾だと，一旦手洗い場に洗いに行かねばなりません。でも給食の準備時間直前に雑巾を洗いに行ってくれた子がいたのです。次に，みんなが給食を食べ始める直前に，配膳台の上を一旦きれいに拭いてくれた子がいました。これで，雑巾で拭く手間が少しは軽減されることになります。これらの動きは私が言うまでもなく子どもたちが自発的に行ったのです。この様子を見て，「今日はいけるな！」と直感しました。結果は予想通り，新記録を14秒も短縮したのです。この成功体験は子どもたちに思考を活性化させます。その後子どもたちに聞いてみると新しいアイデアを発表してくれた子が何人もいました。明日はさらに記録を短縮できるかもしれません。目指そう！　日本一の片づけ！

クラス集団や社会への参加

54 クラス集団や社会への参加

規律を守ることがチーム力になると教える

😰 こんな時に……

　どんなクラスでも規律を守ろうとする意識が希薄になってくる時期があります。そんな時は直接的に言動を指摘して指導することも大切ですが，規律を守ることの大切さを伝えるお話をすることも有効です。規範意識の高いチームは好成績をあげることが多いです。とはいえギチギチに締め上げるのも考えものです。こんな時はあくまで他律的でなく，自律的に規範意識を高めようとする気持ちを育てたいものです。

♥ 子どもへの指導の意図

　一言で言えば「将来自由を謳歌するために不自由を学ぶ」という考え方です。無条件の自由など存在しません。特にチームとしてある目標を目指す場合，チームのメンバー全員が規律を守っていこうとする意識を持たなければいけません。これを伝えるには単なる抽象論ではなく，具体的な事実がよいでしょう。見渡せばそんなお話はいくらでも転がっています。教師の好みでよいのでたくさん集めて紹介していきましょう。

◆ 保護者に伝えたいポイント

　一般社会に限らず，家庭内でも規律を守ることの大切さは同じでしょう。もちろん家庭は息抜きの場ではありますが，規律というものの基礎の基礎を学ぶ場が家庭でもあります。家庭で自由奔放に生きることを学べば，その子は社会においてもまたそうなるでしょう。自由勝手に振る舞うことが「愛情」だと思う保護者も多いこの時代，優しさだけが愛ではないことをきっちり伝えたいものです。

ラグビー日本代表が強くなった理由

○年△組 学級だより
□月☆日発行

◆先週ラグビー日本代表は強豪スコットランドと堂々と渡り合い，負けたものの相手をノートライに押さえる闘いを見せてくれました。ご存知の通り，昨年ラグビーW杯で日本代表は三勝を挙げました。ここまでの24年間，アフリカ代表のジンバブエから挙げた一勝のみでしたので，ここにきていかに日本が力をつけたかがおわかりいただけるかと思います。

◆テレビでは，日本が強くなった理由として「タックル」や「スクラム」がよくなったからだと報じていますが，大きな理由はそれだけではないと私は思っています。ラグビーを経験した人にはわかるのですが，チームがいきなり強くなるということはあり得ないのです。全敗が続き，ここ2大会は2敗1引き分けが続きました。少しずつ世界のレベルに近づいていったのです。そして，日本が強くなった決定的な理由は「猛練習に耐えた」ことに尽きると思っています。自分に厳しく負荷を与えて逞しくなったからこそ，タックルもスクラムもうまく機能するようになったのです。

◆もう一つ。こうして強くなって試合中に反則を犯さなくなったことです。ラグビーでは反則をすると敵にボールを渡すことになります。ペナルティーキックなどで得点を奪われてしまいます。強豪相手に辛抱強く戦い，反則をしなかった。逆に焦った相手が反則を犯し，負けてしまったのです。

◆学級もまた同じだと思っています。一人一人が困難から逃げずに自らに厳しいことを課し，逞しくなっていく。他の人のことを考え友達を助ける。そんな強く優しいメンバーなら「反則」がほとんど起きないはずです。自分に負けていい加減なことをし始める。誰かがやるだろうからと思って怠ける。そのような言動が増えてきたら要注意です。「規律」が乱れ，反則が度々起こる前兆です。私たちはみんなで「よいクラスをつくろう」と誓い合ったはずです。ならば，自らを律していきましょう。まずは自分のことをしっかりやりきる。そして少しだけまわりを見渡して友達のためにできることをする。そのような「規律」ある空気をつくりましょう。

55 クラス集団や社会への参加

リーダーシップの大切さを教える

😵 こんな時に……

避難訓練などで教師や放送による指示に忠実に従うことの大切さを指導しますが，実はこれは本当の災害発生時にも命を守るためにとても大切になってくると科学的に実証されたというお話です。同時に日頃からコミュニケーション能力を育てておくことの重要性も実証されています。いざという時はあれこれ考えるよりも，学習してきたルーティン通りに動くことが求められます。ですから避難「訓練」なのです。はたして訓練通りに動いて命を守ることができるか？　そのためには人の話をよく聞き，またクラスの仲間とよいコミュニケーションを築いておくこと。その重要性を伝えましょう。

♥ 子どもへの指導の意図

訓練時に少なからずふざけたり，お喋りしたりする子どもがいるものです。教師も一応は叱るでしょうが，その重要性を科学的根拠をもとに理解・説明している人はあまりいないのではないでしょうか。「訓練」が必要とされることは現実にならない方がよいでしょう。しかし，だからといって教師自身がその意義を軽視してしまってはなりません。科学的根拠をもち，厳しく子どもたちに指導していきたいものです。

◆ 保護者に伝えたいポイント

子どもたちが学校にいる限りはその安全は教師が守る！　これは絶対的な条件です。子どもたちの安全に尽力しているという様子を伝えるのにやり過ぎるということはありません。訓練を真剣にやり通している様子を伝えること。それはきっと学校への信頼につながります。

リーダーシップと絆は仲間を救う	○年△組 学級だより □月☆日発行

◆「リーダーシップと絆は仲間を救う」ということが実証された実験があります。簡単に説明します。まず2つのグループを作りました。1つ目は全く知らない人ばかり数十人。もう1つはあらかじめ、お喋りなどの時間を取って仲良くなった人たち数十人。せまい部屋にそれぞれのグループを入れ、ある作業を達成した者からその部屋を出られるというルールです。一定時間内に部屋から脱出しないと、座っている椅子に電流が流れると知らされています（実際は流さなかったようです）。すると、全く知らない人たちのグループでは、自分の作業だけを達成して脱出口に殺到した人が多かったのに対し、仲良くなったグループでは落ち着いて手助けをするなどして、他方のグループより4倍も多くの人数が脱出に成功したそうです。

◆人間は日頃から円滑なコミュニケーションを図っていると、いざという時に助け合って行動するということが実証されたのです。またもう1つの結果があります。それは「リーダー的な役割についている人がパニックにならず落ち着いて指示を出し、多くの仲間を助けた」というものです。

◆これらの2つの実験は、「絆のある＝良きコミュニケーションを取っている集団」や「リーダーシップを発揮する人がいて、リーダー以外の人たちがそれに素直に従う（メンバーシップを発揮した場合）集団」ではいわゆるパニック状態の中でも落ち着いて行動できることを示しているといえるでしょう。

◆学級で言えば、「毎日よくコミュニケーションを取り、誰もがリーダーシップとメンバーシップを発揮している学級では、多少の異変などにも動じない力が備わるのではないか」という風に考えられます。2学期にはまた避難訓練があります。またいつ災害が起こるかもしれません。日頃からそのような雰囲気を学級につくっておくことが、いざという時に落ち着いた行動を取れることにつながるのだと思っています。

【参考】釘原直樹著『人はなぜ集団になると怠けるのか』（中央公論新社）

56 クラス集団や社会への参加
教室での話し方を意識させる

😵 こんな時に……

　授業中の子どもたちに様々なコミュニケーションをさせるべく教師は授業を構成しますが，時にはそれらにはどんな意味があるのかを伝えましょう。実は教師はこのような手法を，子どもたちに年間何百回と強制しているはずです。ともすればルーティンワークとなり，その意義も考えずに漫然と過ごすことにもなりかねません。教師が行っていることに本当に意味はあるのか？　それをしっかり保護者に伝えているか，自戒すべきです。

♥ 子どもへの指導の意図

　子どもたちには日頃授業でやっていることにはどんな意味があるのかを伝えましょう。これを綿密にやっているかどうかで子どもたちの動きは変わってきます。また，子どもたちの言動が不十分だと感じた時は的確にその「意義」に立ち戻って指導し直しましょう。「ねえ，そんな話し方でよかった？相手を大切にしてる？」などとその都度指摘することで子どもたちのコミュニケーションの質は上がっていくのです。

♦ 保護者に伝えたいポイント

　漫然と繰り返している授業でのコミュニケーションにはどのような意味があるのか。このことを保護者に伝えている教師がどれくらいいるでしょうか？　相手を意識しないコミュニケーションなどありえません。逆に意識しなければよくない人間関係の取り方を強化している危険性があります。学校生活の圧倒的時間を占める授業で子どもたちにさせていることの意義をしっかり伝えていきましょう。

授業中のコミュニケーション

○年△組 学級だより
□月☆日発行

◆いよいよこのクラスの「解散」まで4か月となりました。子どもたちはこの100日あまりの間に実に凄いスピードでいろいろな力を身につけてくれました。その中にコミュニケーション力があります。子どもたちは授業中に実に多くのコミュニケーションをとります。優れたものもあれば拙いものもあります。しかし，どうにかお互いに意見を交代に表明できるところまできています。いよいよ，さらにここからレベルアップを図っていきます。

◆授業中には頻繁に隣同士や席が近い者同士で情報交換を行いますが，次のような意味と段階があります。

①話しやすい雰囲気づくり

視線や表情，話し方，うなずきなどでまずは相手に気持ちよく話をしてもらいます。その際に相づちや要約（つまりこういうことですね？）を入れます。一方的に話し続けることを避ける作用があります。みなさん，実は毎日のお喋りでやっているはずです。

②自分と相手の意見を比べる

- 類比……自分の意見と似ているところを探す。
- 対比……自分の意見と違うところを探す。
- 疑問……「？」と思ったことを聞く。
- 確認……「要約」に近いが，より具体的にまとめながら「こういうことになるのですね？」と確かめる。

③自分と相手の意見をまとめて，新しい考えを導き出す

「止揚」と呼ばれます。これは実は一番レベルの高い「コミュニケーション」の産物なのです。一見対立するかのような二つの意見から新しくレベルの高いものが生まれること。なかなか難しいですが，ここを目指したいです。

57 クラス集団や社会への参加
平和の意味を考えさせる

😟 こんな時に……

　平和の尊さを教えることがどの学校でもあるはずです。終戦記念日前や原爆投下の日などです。今回は学習発表会を話題にしています。
　ぬるま湯の平和に浸かった現代の子どもたちに平和をどう教えるか？　ともすれば戦争を遠い日の出来事であったかのように扱う授業を散見しますが，実は今という時をどのように生きるのか？　ここを落としては平和教育の要諦から外れることになります。

♥ 子どもへの指導の意図

　かつての戦時中の出来事を調べさせまとめさせる授業も必要です。反戦平和の歌や詩を通して平和を伝えることも大切です。しかし，一番大切なのは，現在を生きる子どもたちにとって何が「平和」なのか？　ということです。「平和や人命は大切だ！」と唱えていながら今隣にいる友達を大切にできていないのなら，それは何と虚しいことでしょうか。まずは毎日を精一杯生きること，そして近くにいる人を大切にすること。真の平和教育はそこから始まることを子どもたちに伝えたいですね。

◆ 保護者に伝えたいポイント

　今という時間を心穏やかに過ごせること。毎日夢中で遊んで勉強できること。これほどの幸せはないのだということを再認識しなければなりませんね。豊かな時代に子どもたちに楽をさせることは決して子どもたちのためにはなりません。物資に恵まれた現代だからこそ，その中で我慢し耐えること，今自分の周りにいる家族を大切にすること。それが平和教育の第一歩なのだと伝えたいものですね。

学習発表会での学び

○年△組
学級だより
□月☆日発行

◆12日は小学校生活最後の学習発表会です。6年生は「平和への願いをこめて」と題して，広島での平和学習の成果を発表します。修学旅行での学びは今後，年末にかけて各自がまとめていきますが，学年全体として「戦争の恐ろしさ，悲しさ」を下学年の仲間に群読と合唱で伝える予定です。

◆その群読の中に次のような言葉があります。
　今，広島での学習を終えた私たちに何ができるのか，よく考えてみたいと思います。
　大人になって声高らかに平和の大切さを訴えていくこともももちろん大切です。
　でもまずは今隣にいる友だちや家族を大切にすること。
　そして一生懸命勉強して，身につけた力を世の中のために役立てること。
　そうして目の前にある人生を精一杯生きること。
　それが私たちにできるもっとも身近な平和学習なんだと思います。

◆現在，全世界には想像を絶する核兵器が存在しています。それらの廃絶を願い行動していくことも，もちろん大切です。しかし，今，小学生である子どもたちにできることは，上に紹介した群読の言葉に尽きると思います。今，隣にいる友達を大切にしていますか？　精一杯勉強したり遊んだりしていますか？　日本は，世界に類を見ないほど豊かで平和な国だといえるでしょう。でも，本当に心の中は豊かだと言えるでしょうか？　心の中は平和だといえるでしょうか？　私は後ろの黒板に書きました。「今そばにいる友達を大切にできずして，何が『平和学習』だ?!」子どもたちとこれから毎日確認しつつ考えていきたいテーマであります。

58 クラス集団や社会への参加

リーダーのつらさを感じさせる

😖 こんな時に……

　高学年として下学年の面倒をみる機会があります。ただ割り当てをして，そのまま終わるというのではあまりにもったいない機会です。前に立って多くの人を動かすということがどれだけ大変なことか感じさせるとよいでしょう。やりっ放しではなく，必ず振り返りをするのです。子どもたちはリーダーとしての新しい視点を学ぶことになります。

♥ 子どもへの指導の意図

　学校において子どもたちは基本的に受け身です。席についていればそれなりに学力は上がっていくのですから。しかし，高学年になると何かとリーダーシップを発揮しなければならない機会が増えます。その時に子どもたちは前に立ってリードしていくことの難しさを学ぶはずです。主客逆転のよい機会です。このことを指導することで，今度，席について授業を受ける時の態度が変わってきたなら，子どもたちは立場を入れ替えて考える力を身につけたといえるでしょう。

◆ 保護者に伝えたいポイント

　親や教師に何でもやってもらうことに慣れているわが子が，前に立ってみんなをリードしていく経験をする。そうやって人は成長していくのだということを伝えましょう。それは自立への序章であるともいえるでしょう。特に高学年の親には詳しく伝えたい内容です。

リーダーとしての自分を自己採点

○年△組
学級だより
□月☆日発行

◆今日はかねてから準備を進めてきた１年生を迎える会の日でした。学校全体をまわってみると、どの班も用意周到にうまく会を盛り上げているようでした。６年生はどの班も１年生を気遣ってくれているようでした。うまくいかずに困惑気味の班もありましたが、大きなトラブルもなく時間は終了しました。

◆帰ってきた子どもたちに早速聞きました。「自己採点してみましょう。３点満点で何点でしたか？」すると３点満点はゼロ。全員が何点か減点していました。その理由を聞いてみました。うまく整列させることができなかったとか、きつい言葉で指示してしまったとか、担当の先生に注意されたとか、無駄な時間が多くて、実質遊べる時間が短くなってしまったとか、たくさんの反省が出されました。

◆聞くと、なかなか班の仲間に指示が通らず、次の行動へ移れなかったといいます。「どうでしたか？　前に出てリーダーとして仕切るのは難しかった？」と聞くと全員が手を挙げました。「そうか。それはとってもいい勉強をしたね。」それは子どもたちに対する気休めではありません。私が本当に想定していた状況だったのです。６年生のみんなはこの日までいつも「仕切られる側」でした。前に出てほんの少しの説明をするのにも多大な労力と配慮を要することなど全くといってよいほど知らなかったことでしょう。だからその大変さをあえて体感してほしかったのです。「少しは私の大変さがわかったかい？」と笑うとみんな苦笑していました。

◆主客転倒。こうした体験を重ねることで、子どもたちは「仕切られている」場合の在り方をより緻密に学んでいけるはずなのです。高学年になるほど行儀がよくなるのは至極当然のなりゆきのはずです。まだまだ下学年を仕切るチャンスがあります。是非、今回の反省点を活かしていってほしいと思います。

クラス集団や社会への参加

クラスの荒れと社会的信頼を考える

😟 こんな時に……

年度半ばあたりになると多くのクラスでは荒れの兆候を感じるようになります。それらは些細なことなのですが，できるだけ早く気づき，対応することが求められます。多くの場合，子どもたちの怠慢や気のゆるみが原因です。ビシッと指導しておく必要があります。そんな時に役立つお話です。

♥ 子どもへの指導の意図

学習習慣の乱れを指摘されながら素直に修正しようとしない雰囲気は要注意です。そこから一気に崩れていく危険があります。子どもたちには態度を改めないことがなぜいけないのかを「信頼を失う」という観点から伝えます。世の中もまた信頼関係で成り立っているものです。信頼を失えば社会で生きていくのは厳しくなることをきっちり教えていきましょう。

◆ 保護者に伝えたいポイント

一生，家で暮らして面倒を見てもらえるのなら，いくらでもわがままをすればよいかもしれません。しかし，独立して社会に出て，自分自身で生計を立てていこうとするのならいつまでも甘えていてはいけないことを家庭でも伝えてほしいものです。社会に出る前段階として学校が存在していること，その学校でのわがままは社会に出てから悪影響を及ぼすことを保護者からもお話ししてほしいのです。

信頼というもの

○年△組
学級だより
□月☆日発行

◆何度，言っても宿題を忘れたまま，黙っている人。何度，言っても友達を傷つけては喜んでいる人。何度，言っても姿勢を崩している人。残念ながらこのクラスにはそのような人が少なからずいます。叱ったその時は真剣な顔をして反省しているように見えますが，しばらくするとまた元に戻ってしまいます。先日はついに私の雷が落ちました。みなさんも知っていますよね。良くないことを指摘されながら，何度も同じことを繰り返すのは，心が弱いからです。「まだ，未熟な小学生だし，まだまだ，心が弱いんだから仕方ないか。」とあきらめている時ではありません。過ちを繰り返す人には将来厳しい現実が待ち受けています。

◆例えば自動車免許です。交通違反を繰り返したり，事故を起こしたりした場合，免許は停止されることになります。「違反や事故を繰り返す心の持ち主に車の免許を与えているとそのうち大きな事故を起こすだろう。だから運転はさせない。」そのように判断されるのです。免許の停止も最初は１か月の停止だけですみますが，段々停止の期間は長くなっていきます。それも繰り返すと最終的には免許を取り上げられることになります。その罪が重ければその先数年間はどんなことがあっても免許はもらえません。悪質な運転手と判断されるからです。

◆そんな運転手は単に自動車を運転する機会を失っただけではありません。人間として大切なもの……信頼を失ったのです。信頼を失うと将来，社会で自由に生活をしていくことは難しくなります。犯罪を犯せば，刑務所に入れられ自由を奪われるのもまた同じです。日本では人々の生活を守るために，信頼を失った人には厳しい処罰が待っています。みなさんはそのことをよく理解して信頼を失わないように言動を慎んでいってください。

60 クラス集団や社会への参加
公私混同させない

😖 こんな時に……

クラスのものはみんなのもの，でありながらその取扱いが乱雑になり，ボールなど備品が置き去りにされることがあります。そんな時は，公共物について教えるチャンスです。放っておくと公私混同してしまう子どもたちにしっかり伝えたいお話です。

♥ 子どもへの指導の意図

子どもたちはクラスのボールについてどれだけの情報を持っているのかといえば，「クラスにボールがあって当たり前」としか思っていないものです。この「当たり前」という考え方はほとんどの場合子どもたちに望ましい言動をとらせることを阻害します。感謝する気持ちが欠落しているからです。クラスにボールがたった1～2球しかない意味をしっかり教えたいものです。

◆ 保護者に伝えたいポイント

公私混同というと，公共物だけ大切にしようということになりがちですが，保護者に伝えることで，公的な物だけでなく，家の私物なども大切にするお話のきっかけにしてもらえると嬉しいです。家の中にある物もまだ子どもだけで買いそろえることのできないものばかりのはずです。感謝に公私の別はありません。いつも何に対しても感謝できる人間になってほしいです。

	○年△組 学級だより □月☆日発行
# 公共物	

- ◆冬になっても子どもたちは寒くても外で元気よく遊んでいます。子どもは風の子とはよく言ったものです。寒さに負けずどんどん遊んでほしいです。しかし，最近クラスのボールの管理がおろそかになることが度々ありましたので，次のようにお話しさせてもらいました。

- ◆先日からクラスのボールが運動場に置きっ放しになるということが数回ありました。やむなく私はボールの使用を禁止しました。ところが，そのことに不満をもち，不服を述べに来る人がいました。こういう人はクラスのボールがどういうものなのか，また学校というのがどういう場所なのかわかっていないので，きっちりお話しさせてもらいます。

- ◆このボールは誰が買ったと思いますか？　これはあなた方のお家の人，社会で働く大人たちが少しずつお金を出し合って買ってくれたものです。税金といいます。なぜお金を出してくれるのか？　それはあなたたちに立派な大人になってもらい，これからの社会を支えてもらうためです。ボールは税金で買い，学校が預かります。そして校長先生や体育担当の先生方が相談して担任の先生に「このボールでクラスの子どもたちに大切なことを教えて下さい。」と預かったものなのです。つまりこのボールは特定の子どもだけが楽しい思いをするためにあるのではなく，物を大切にすることや友達と協力することの大切さを学ぶために貸していただいているものなのです。どうですか？　そんな色んな思いのこもったものを大切にしないとバチが当たりますね？

- ◆そんな大切なボールが運動場に放っておかれることが続きました。それで私はボールを預かり，使用を禁止しました。なぜかわかりますね？　さあ，今からボールを大切に扱うとはどういうことか話し合いましょう。

61 クラス集団や社会への参加

感謝の気持ちをもたせる

😵 こんな時に……

　お小遣いやお年玉をもらって「自分のお金がある」などという言葉が聞こえたら指導のチャンスです。このような言葉が発せられるのは，子どもの大きな勘違いがあるからです。放っておくと，感謝の気持ちとは反対の横着根性を養うことになりかねません。

♥ 子どもへの指導の意図

　子どもたちは法的に１円たりとも稼ぐことはできません。それなのに無頓着にお金を与えると「お金は自分の意志で何とでもなる」などと勘違いさせてしまう危険性があります。お金は自分の人生＝命を削って汗水垂らして働いた代わりにもらえるものであることをきっちり教えたいものです。お金に無頓着な人生は不幸になります。

◆ 保護者に伝えたいポイント

　家庭でも不用意にお金を子どもに与えないようにしてもらいたいものです。子どもが高価なものをいつでも買い与えられ，好きなものをいつでももらえる環境にいるのなら，当然，子どもは学校での質素な生活に不満を漏らします。給食の好き嫌いも結局は飽食の時代の負の産物です。子ども時代は質素な方がよいのです。そう思っておられる保護者も少なくありません。しかと伝えたい話です。

「自分のお金」なんてない	○年△組 学級だより □月☆日発行

◆みなさんはお小遣いをいくらもらっていますか？　もらっていないという人もいますね。また，お年玉はいくらくらいもらえますか？　そのお金はどうしていますか？　貯金している子どもが多いでしょうか。そのようなお金を「自分のお金」だという人がいますが，これは正しいでしょうか？

◆実はあなたたち子どもが「自分のお金＝自分が自由に使えるお金」は１円もありません。お小遣いというのは，お家の人が汗水垂らして働いたお給料の中から，あなたたちが必要な物などを買うために少しだけ与えてくださるものです。ですからそのお金を自由に使うことなどありえません。何に使ったのか，お家の人にはしっかり伝えましょう。そのためにお小遣い帳というものがあります。ぜひつけてみてください。お金の使い方の勉強になります。

◆お年玉は親戚や知り合いの人が「あなたたちにあげる」とくださるものですが，実はそのお金はあなたたちがもらったものではありません。あなたのお家の人が，日頃からお仕事を頑張るなどしていろいろな人からの信頼を得ているからこそ頂けられるお金なのです。新年の挨拶がわりにあなたたちを通してお家の人がもらうのです。ですから多くのお家ではお年玉は貯金するはずです。そして，お家の人はもらった人に必ず同額のお金をお返ししているのです。知ってますね？

◆お金は，大人が自分の人生＝命を他の人の幸せのために使って仕事をしたその見返り（代償といいます）にもらうものです。人の幸せのために動く……それを「働く」といいます。そしてそもそもお金は働いた人だけが使えるのです。まだ働くことの大切さ，大変さを知らない子どもがお金を自由に使うと，間違ったお金の使い道を学習してしまいます。あなたたち子どもに自由になるお金は１円もないのです。よく覚えておきましょう。

62 クラス集団や社会への参加
運命共同体であることを教える

😖 こんな時に……

イベントなどでゲームをした時に暴言などで楽しい時間が台無しになったら，次の楽しい機会は簡単に与えてはいけません。自分の思い通りにならないことがあったからといって，友達のことを平気で傷つけるようなことがあったのなら徹底的にその芽を摘まなければなりません。

❤ 子どもへの指導の意図

イベントを上述した理由で中止すると，多くの場合，自分のことばかり考えている子どもたちからブーイングが起きます。しかし，ここでひるんではなりません。子どもたちの甘い考えと対決する時です。自己中心的な言動をとる者が少数でもいれば，全体に迷惑をかけることを教えるのです。ここで大切なことは「おい！　一部の人間のためにみんなが迷惑するんだ。いい加減にしろよ！」という怒りを多くの子どもたちにもたせることです。その際には一つの理詰めの話が必要になります。いくつかの喩えでわかりやすく伝えたいものです。

◆ 保護者に伝えたいポイント

わが子が自分勝手に振る舞っていて，いい気分になる親はいません。もしそのようなことを執拗に繰り返す子どもがいるのなら，これは直接，親に相談すべきことです。その前にワンクッションおいて学級通信で，今，学級で起こっていることを伝えておけるとよいでしょう。子どもたちのマイナス面を伝えるのですから，個人名が特定されないように配慮が肝心です。

危険物は持たせられない

○年△組
学級だより
□月☆日発行

◆飛行機に乗ったことのある人はいますか？　搭乗する前に必ず乗客は保安検査を受けなければなりません。検査場では金属探知器の中をくぐり抜けます。荷物や服の中に危険な刃物などがあると飛行機に乗ることができません。危険物はそこで預けたり，処分したりすることを求められます。「私はハイジャックなどしない。だからナイフを持つことを許してください。」などと言っても通りません。危険物を持っているだけで，その人は「危険なことをする可能性がある」とみなされるのです。

◆同様に「刃体が6㎝を超える刃物を所持してはならない。」という法律があります。出刃包丁などを正当な理由もなく持ち歩くだけで犯罪となります。これも刃物を持つこと自体が「危険な人」とみなされるからです。拘束されて自由を失うことになります。

◆先日，私はあなたたちの様子を見て，ドッジボールをすることをやめました。楽しみにしていた人からは「なぜですか？　やってください。」と言われましたが，私はその日は断固としてやりませんでした。なぜかわかりますか？　それは，あなたたちの中に，暴言を吐き，暴力を振るう人がいたからです。一部の人ではありません。かなりの人数の人が，おもしろ半分でそのようなことをしていました。暴言は言葉の凶器，暴力もまたしかりです。簡単に人の心や体を傷つけることができます。

◆保安検査場や出刃包丁と同じく，凶器を心の中に持って，しかもいつそれらを使うかもしれない集団にドッジボールなどのスポーツをさせるわけにはいきません。なぜかわかりますか？　そうですね。いつ友達が傷つけられるかもしれないからです。ドッジボールをしたいのなら，みなさんが「私たちは誰も傷つけることはしません。」と信じてもらえる言動を示すしかありません。明日から私はあなたたちの姿を見せてもらいます。はやくドッジボールができるように努力してください。

【著者紹介】
土作　彰（つちさく　あきら）
1965年大阪府八尾市生まれ。
1990年より奈良県の小学校教員となる。初任者の時に学級が上手くいかず，打開策を求めて全国のセミナー行脚を始める。10年目までとにかく授業ネタの収集に明け暮れるが，何かが足りないと気づく。
2001年に群馬の元小学校教師深澤久氏の学級を参観し衝撃を受ける。以来，教師に必要な「哲学」論を研究。
「子どもを伸ばしてこそ教師」とアツく情熱的な指導を続けている。

【主要著書】
『情熱－燃えるレッドの学級づくり　全力で子どもを伸ばす！クラス担任術』
『絶対に学級崩壊させない！ここ一番の「決めゼリフ」』
『絶対に学級崩壊させない！先手必勝「決めゼリフ」』
『保護者・子どもの心に響かせる！声に出して読みたい学級通信の「いいお話」』

（以上全て明治図書）

学級経営サポートBOOKS
保護者・子どもの心に響かせる！
声に出して読みたい学級通信の「道徳のお話」

2019年3月初版第1刷刊　Ⓒ著者　土　作　　　彰
発行者　藤　原　光　政
発行所　明治図書出版株式会社
http://www.meijitosho.co.jp
（企画）佐藤智恵（校正）川﨑満里菜
〒114-0023　東京都北区滝野川7-46-1
振替00160-5-151318　電話03(5907)6703
ご注文窓口　電話03(5907)6668

＊検印省略　　組版所　株式会社カシヨ
本書の無断コピーは，著作権・出版権にふれます。ご注意ください。

Printed in Japan　　　ISBN978-4-18-098215-8
もれなくクーポンがもらえる！読者アンケートはこちらから

学級経営サポートBOOKS

保護者・子どもの心に響かせる！
声に出して読みたい学級通信の「いいお話」

土作 彰 著

0920・A5判160頁・1800円+税

学級通信は帰りの会で読んでこそ伝わる！
学級通信はクラスづくりに役立つツールです。帰りの会では学級通信に掲載したお話を読み聞かせましょう。通信の内容を工夫することで子どもたちをほめたり、仲間や学びを考えさせるきっかけが作れます。そして保護者にもそんな教師の教育観を伝えることができるのです。

子どもたちの心に響く学級通信づくりに！
出会いの日にも子どもたちのよさを輝かせる／「どうぞ」と「ありがとう」／子どもたちの言葉遣いを注意する：言葉は人の人生を変える／子どもたちの偏見をなくす：バナナは黄色いか？／いじめをなくす：一番最初に動く勇気をもて！／他人への気遣いを教える：忙しい時にこそ人間の心は行動に表れる／子どもの心を鼓舞する：人は限界を作る生き物　　　　　　　　　　　　　　　　　ほか全74項目

学級崩壊崖っぷちでも乗り切れる！

頑張らないクラスづくりのコツ

2034・四六判160頁・1700円+税　　小野領一 著

肩の力を抜いて楽しみながら上手にクラスをまわしていこう
教室に入ると子どもがガムをかむ甘い匂い。授業中にボール遊びをしたことを注意したら逆ギレされる…そんな修羅場のような状況を乗り越えてきた著者が伝える、正攻法じゃないし頑張らないけれど、崩れかけのクラスも乗り切れてしまうクラスづくりのコツをまとめました。

いま、壁にぶつかっている先生たちに伝えたい
【第1章】壁のように立ちはだかる困難から得た「逆転の発想」：「きっちり」「ちゃんと」ができない…けどそれを生かしてしまった！／自分の気持ち次第で「気になる子ども」が気にならなくなった！／【第2章】これでいいのだ！「開き直り」学級づくり：学級経営や授業は下手でOK／学級開きは肩の力を抜いてOK／教室環境はキチンとしていなくてOK／保護者には誤解だけされなければOK　　　　　　　　　　　　　　　　　　　　　　　　　　　　　　　　ほか全45項目

明治図書　携帯・スマートフォンからは **明治図書ONLINE へ**　書籍の検索、注文ができます。▶▶▶

http://www.meijitosho.co.jp　＊併記4桁の図書番号（英数字）でHP、携帯での検索・注文が簡単に行えます。

〒114-0023　東京都北区滝野川7-46-1　ご注文窓口　TEL 03-5907-6668　FAX 050-3156-2790